食感、味、香りのステキ度が増すパーツ別テクニック

ケーキがおいしくなる「下ごしらえ」教えます

クレーヴスィーツキッチン
熊谷裕子

旭屋出版

ほんのひと手間の「下ごしらえ」で、
お菓子がプロ級のおいしさに！............ 4

Lesson 1 フルーツの風味アップのコツ 5

8
ソレンヌ
Solenne

12
シャンテル
Chantelle

16
ニウ
Niu

20
バナニエ
Bananier

24
ジョルジュ サンク
George V

28
アルマ
Alma

32
ミルテ
Mirtes

Lesson 2 キャラメル&カフェの風味アップのコツ 37

40
ファビオ
Fabio

44
ジェビック
Jébique

48
ディーディ
Dee・D

52
タルト・ダミアン・ポンムキャラメリゼ
Tarte d'Amian Pomme Caramelisé

56
イヴァン
Ivan

60
ティーセー
T.C.

CONTENTS

Lesson 3 水分コントロールで食感アップのコツ ………… 65

68
サイーラ
Saii-La

72
ルティ
Letii

76
アルフォンス
Alfons

80
ミルフイユ　ファッシナン
Millefeuille Fascinant

84
クロエ
Khloe

88
ポワソン・ダブリール
Poisson d'avril

Column

基本パーツの作り方 Part1 …… *36*　　ケーキを美しく仕上げるコツ …… *92*

基本パーツの作り方 Part2 …… *64*　　チョコ飾りにチャレンジ …… *94*

{ 材料について }

＊砂糖は、上白糖とグラニュー糖のどちらを使ってもかまいません。「粉糖」「グラニュー糖」と指定している場合は、そのとおりに使用してください。

＊卵はLサイズを使用します。目安として卵黄20g、卵白40gです。

＊生クリームは動物性乳脂肪分35％または36％のものを使用してください。

＊生地を伸ばすときに使用する打ち粉は、基本的に強力粉が適しています。なければ薄力粉でも結構です。

＊粉ゼラチンはあらかじめ指定の分量の冷水でふやかしておきます。レンジで溶かして使用する場合は、液状になるまで加熱します。沸騰させると固まりにくくなるので、かけすぎに注意。温かいうちに使用します。

{ 道具について }

＊量に合ったボウル、泡立て器を使ってください。量が少ないのに大きな器具を使うと、卵白や生クリームなどがうまく泡立たなかったり、生地が混ぜづらかったりします。

＊オーブンはあらかじめ指定の温度に温めておきます。

＊焼き時間、温度は家庭のオーブンによって多少異なることがありますので、必ず焼き上がりの状態を確認して、調節するようにしてください。この本では、家庭用サイズのガス式コンベクションオーブンを使用した場合の目安を記しています。

＊本書で使用した型やコームは、製菓材料店などで購入できます。

ほんのひと手間の「下ごしらえ」で、
お菓子がプロ級のおいしさに！

いろんなお菓子を作って、デコレーションも上手にできるようになってきた。
でも、見た目はおいしそうなのに、食べてみるとなぜか「物足りない」。
フルーツタルトを作ってみても、なんだか味が薄かったり、
タルトがサクサクしていなかったり……
お菓子屋さんで買ったケーキは
シンプルなのにどうしておいしいの？
じつは、プロが作るお菓子には
目には見えない「材料の下ごしらえ」がしてあります。
ケーキの中に入れるフルーツに、
マリネやコンポートをして下味をつけておいたり、
フルーツやムースの水分でサクサク生地が湿気ないように
コーティングしていたり、同じキャラメルでも
お菓子の味に合わせて焦がし具合を変えていたり。
素材のおいしさを生かすために
プロならではの工夫が凝らしてあるのです。
おうちで作るお菓子にもこのひと手間をプラスするだけで
食感や素材の風味が格段にアップします。
下ごしらえのコツを覚えて、手作りお菓子をプロの味に変身させましょう！

Lesson 1

フルーツの風味アップのコツ

フルーツを使ったお菓子は、ジューシーで爽やかな風味を楽しめます。しかし、水気が多いフルーツや酸味の少ないフルーツをそのままお菓子に入れると、味が薄くてぼやけた印象になりがちです。そこで、フルーツの風味を強調し、メリハリある味に仕上げるための下ごしらえのコツをご紹介します。

下ごしらえのコツ

✶✶✶ ジュレやコンフィチュールで味を凝縮 ✶✶✶

果汁と果肉を漉して作られる「ピュレ」は、フルーツの風味と酸味を凝縮した材料です。ゼラチンでジュレ状に固めてケーキの中に詰めれば、少量で味にメリハリをつけられます。

また、果汁と果肉を砂糖と一緒に煮詰めたコンフィチュールも風味が凝縮されるのでおすすめです。市販品は甘味が強すぎてお菓子作りには向かないので、少なめの砂糖で手作りしてみましょう。

✶✶✶ マリネして下味をつける ✶✶✶

やさしい味わいのフルーツは、そのまま使うと濃厚なクリームやバターの味で風味が消えてしまうことがあります。そんなときは、同系統の香りを持つリキュールであえたり、酸味の強い果汁でマリネし、そのフルーツが本来持っている風味を補強してから使うと、味がぐっと引き締まります。

マリネするときは液体が全体に行き渡るように、表面にぴったりラップを張りつけておきます。お菓子が水っぽくならないように、マリネの水気はよく切ってから使うのがポイントです。

Lesson 1

✼ ✼ ✼ コンポートで柔らかく風味づける ✼ ✼ ✼

　りんごや洋梨は固いので、ムースなどの柔らかいケーキに加えると、食感がうまくなじみません。そこで、柔らかく煮てコンポートにします。煮込むさいにスパイスやベリーのピュレを加えれば、風味にも変化をつけられます。ある程度食感を残したほうがおいしいので、ジャム状になるほど煮込みすぎないように注意しましょう。

✼ ✼ ✼ ドライフルーツはお湯で戻す ✼ ✼ ✼

　ドライフルーツは味が凝縮されていて、バターや香ばしい生地の香りにも負けない力強さがあります。逆に、ふんわりしたお菓子にそのまま使うと、食感が固くてなじまなかったり、風味が十分に生かせません。そんなときは、一度お湯で戻して柔らかくし、リキュールなどでマリネして風味を補います。使うときは、水気をしっかり拭き取ることを忘れずに。

✼ ✼ ✼ レモンはクレームでなめらかな食感に ✼ ✼ ✼

　レモンは卵や砂糖と一緒に加熱して、なめらかなクレーム・シトロンにすると、酸味だけでなく、爽やかな風味を引き出せます。アクセントとしてそのままケーキに使うのはもちろん、生クリームと混ぜれば風味をやわらげることもでき、お菓子に合わせて自由に味わいを調節できます。ナパージュがわりにデコレーションにも使えます。

Solenne
ソレンヌ

Solenne

ソレンヌ

いちごとホワイトチョコレートを合わせた、やさしい甘味の「いちごみるく」ムースです。凝縮したいちごの風味とぷるぷる食感が楽しめるジュレを中に忍ばせました。ジュレにはレモン果汁を隠し味として加え、爽やかな酸味で全体の味わいを引き締めます。

風味アップのコツ
* * *

いちごのジュレで味を引き締める

ストロベリーピュレにゼラチンを加えてジュレにし、やさしい味のムースにアクセントをつけます。レモン果汁を少量加えることで、フレッシュの果実よりも甘酸っぱく、味が濃縮しているように感じられます。

材料　直径5.5cm、高さ5cmのセルクル4個分

ビスキュイ・キュイエール

卵白	1個分
砂糖	30g
卵黄	1個
薄力粉	30g
冷凍フランボワーズ(ホール)	適量
溶けない粉糖	適量

いちごのジュレ

冷凍ストロベリーピュレ(解凍しておく)	30g
レモン果汁	5g
砂糖	5g
粉ゼラチン	1g
(水5gを加えてふやかしておく)	

ムース・フレーズ・ブラン

冷凍ストロベリーピュレ(解凍しておく)	70g
砂糖	10g
ホワイトチョコレート(刻んでおく)	35g
粉ゼラチン	3g
(水15gを加えてふやかしておく)	
生クリーム(8分立て)	60g
冷凍フランボワーズ(ホール)	30g

デコレーション

生クリーム(6分立て)	50g
裏漉しフランボワーズジャム	15g
いちご、フランボワーズ、グロゼイユなど	各適量
チョコ飾り(94ページ参照)	適量

＊溶けない粉糖はデコレーション用のシュガーパウダー

Solenne ソレンヌ

作り方

1. 36ページを参照してビスキュイ・キュイエールの生地を作る。コピー用紙にパレットで約24×20cmの長方形に伸ばし、冷凍フランボワーズを凍った状態でほぐしてちりばめる。190度のオーブンで8〜9分焼く。

2. さめたら溶けない粉糖を全体に茶漉しでふる。側面用は16.5×4cmの帯状に4本カットし、底用は直径4cmの丸抜き型で抜く。

Point
溶けない粉糖をふるとフランボワーズがベタつかずカットしやすい。型にもつきづらい。

3. 側面用ビスキュイの焼き面に溶けない粉糖をもう一度ふり、その面を外側に向けて型にはめる。底用ビスキュイは焼き面を上にして型に敷く。

4. いちごのジュレを作る。ストロベリーピュレ、レモン果汁、砂糖を混ぜ、ふやかしてレンジで溶かしたゼラチンを混ぜながら加える。

5. 氷水にボウルごとあて、ふるふると揺れるぐらい濃度がつくまで冷やす。

Point
液状のままではムースに入れづらいので、ある程度固めておく。

6. ムース・フレーズ・ブランを作る。ストロベリーピュレと砂糖を小鍋に入れてわかし、ホワイトチョコレートに2回に分けて加え、そのつどよく混ぜて溶かす。

7. ふやかしてレンジで溶かしたゼラチンを加え、ボウルごと氷水にあてて冷やし、とろみをつける。

8. 泡立てた生クリームと合わせてまんべんなく混ぜる。

9. **3**の型に30gずつ流し、スプーンの背で側面のふちまでなすりつける。真ん中がくぼんでいるように。

10　くぼみにいちごのジュレを4等分して入れる。その上に冷凍フランボワーズをほぐしてのせ、軽く押し込む。

13　12のクリームを星口金（12切り10号サイズ）をつけた絞り袋に入れる。ケーキを型から抜き、上面のふちにボリュームが出るように1周絞る。カットしたいちご、フランボワーズ、グロゼイユ、網目のチョコ飾りで飾る。

11　残りのムース・フレーズ・ブランを流してパレットで平らにし、冷蔵庫で冷やし固める。この段階で冷凍保存も可能(92ページ参照)。

12　デコレーション用クリームを作る。生クリームを6分立てにし、フランボワーズジャムを加え、ゴムべらで混ぜる。発色がよくないときは食紅を微量の水で溶いて加えるときれいなピンクになる。

Point
ジャムを加えると生クリームが固く締まるので、ゆるめの6分立てに調整しておく。

Arrange ✱✱✱

アントルメで華やかに

大きな型で作ればパーティーでも活躍します。写真は1辺が7.5cmの六角形の型で仕込んだもの。ムース・フレーズ・ブラン、デコレーションのクリームは約1.5倍量で作っています。

Chantelle
シャンテル

Chantelle
シャンテル

柑橘風味のレアチーズケーキといえば、レモンを使うのが一般的ですが、柚子に変えて香り豊かに仕上げました。レアチーズクリームにはすりおろした皮を混ぜ込み、さらに果実を丸ごと煮詰めた柚子コンフィチュールを間に挟んで風味をアップさせています。コンフィチュールのとろりとした食感と、底に敷いたシュトロイゼルのザクッとした食感がアクセントになっています。

風味アップのコツ
***

柚子を丸ごと煮込む

柚子は皮からも苦味がほとんど出ないので、外皮や筋も使って丸ごと煮込み、柚子の風味をぎゅっと凝縮したコンフィチュールが作れます。風味を生かせるように砂糖控えめの配合です。

材料　直径6cm、高さ3cmのセルクル4個分

柚子のコンフィチュール
- 柚子 ……………………… 1個（100g）
- 砂糖 ……………………… 40g（柚子重量の40%）
- 水 ………………………… 70g

シュトロイゼル
- 食塩不使用バター ……… 10g
- 粉糖 ……………………… 10g
- 薄力粉 …………………… 15g
- アーモンドパウダー …… 10g
- 牛乳 ……………………… 2g

クレーム・フロマージュ
- クリームチーズ ………… 80g
- 砂糖 ……………………… 25g
- 牛乳 ……………………… 35g
- 粉ゼラチン ……………… 3g
- （水15gを加えてふやかしておく）
- 柚子皮のすりおろし …… ½個分
- 生クリーム（5分立て） … 60g

デコレーション
- 生クリーム（8分立て） … 60g
- 砂糖 ……………………… 5g
- チョコ飾り、プラチョコ飾り
- （94、95ページ参照） …… 各適量

Chantelle シャンテル

作り方

1 柚子のコンフィチュールを作る。柚子は4等分し、果肉と外皮に分ける。皮は薄くスライスする。果肉は種を取り除く。

2 砂糖、水、柚子の果肉、外皮を鍋に入れて中火にかけ、混ぜながら煮詰める。水分が飛んで煮詰まってきたら、水を少量加えてさらに煮る。皮に透明感が出て、とろりとしてきたらボウルにあけてさます。

3 シュトロイゼルを作る。フードプロセッサーに牛乳以外の材料を入れ、粉々になるまでまわす。牛乳を加え、そぼろ状になるまでまわす。

4 オーブンシートの上にセルクルを並べ、シュトロイゼルを4等分して入れる。それぞれ底にまんべんなく広げる。底が完全に埋まらなくてよい。

5 180度のオーブンで12分程度焼き、香ばしい焼き色をつける。型をはずしてさまし、さめたらもう一度はめる。

Point
焼いてすぐに型からはずすことで、仕上げるときに、型抜きしやすくなる。

6 クレーム・フロマージュを作る。クリームチーズを常温に戻し、クリーム状に練る。砂糖、牛乳を順に加え、そのつどよく混ぜる。ふやかしてレンジで溶かしたゼラチンを加える。

7 柚子の黄色い表皮部分だけをすりおろして加える。

8 5分立ての生クリームを加え、まんべんなく混ぜる。5分立ては、泡立て器を持ち上げるとたらたらとつながってたれるくらいのゆるさ。

Point
なめらかな口当たりにするには、生クリームは泡立てすぎないのがポイント。

9 5の型に半量流し、スプーンの背で側面のふちになすりつけて、すり切る。真ん中に柚子のコンフィチュールを8〜10gずつのせる。

11 10を型から外す。デコレーション用の生クリームに砂糖を加えて8分立てにし、クレーム・フロマージュの上面に1cmの丸口金で丸く絞り、上面を埋める。

10 残りのクレーム・フロマージュを平らに流し、冷やし固める。この段階で冷凍保存も可能（92ページ参照）。

12 網目のチョコ飾りをのせる。プラチョコ飾りのデイジーの裏に生クリームを少量つけて張りつける。

Arrange
* * *

スリムパウンド型で アントルメに

クレーム・フロマージュを約2倍の分量で作り、21×5.5cmのスリムパウンド型で同様に仕上げました。土台は、シュトロイゼルのかわりにシート状に焼いたビスキュイ・キュイエールでもOK。上面はサントノーレ口金の絞りでデコレーション。

Niu
ニゥ

Niu

ニウ

甘いココナッツのムースと酸味の効いたレモンのムースを組み合わせました。レモン果汁だけではフレッシュな風味が出せないので、卵を使った濃厚なクレーム・シトロンを作ってムースを仕込みます。中には赤ワイン入りのいちごのコンフィチュールを詰めました。味や食感はもちろん、フォークを入れたときの鮮やかな色合いも、おいしく感じさせるポイントです。

風味アップのコツ ***

クレーム・シトロンで濃厚な味わいに

卵の濃厚さをプラスすることで、レモンの風味が感じやすくなります。すりおろした皮も加えれば香りがさらにアップ。ナパージュとしてデコレーションにも使用して、レモンの風味を強調します。

材料　直径5.5cm、高さ5cmのセルクル4個分

ビスキュイ・キュイエール
卵白	1個分
砂糖	30g
卵黄	1個
薄力粉	30g
粉糖	適量

いちごのコンフィチュール
（ここから20gだけを使用する）
いちご	80g
（ヘタを取って1cm角に刻む）	
赤ワイン	45g
砂糖	30g

ムース・ココ
ココナッツミルクパウダー	15g
砂糖	15g
牛乳	30g
粉ゼラチン	2g
（水10gを加えてふやかしておく）	
生クリーム（8分立て）	40g

クレーム・シトロン
レモン果汁とレモン皮のすりおろし	各½個分
砂糖	30g
卵黄	1個
卵白	25g

ムース・シトロン
クレーム・シトロン	上記から60g
粉ゼラチン	2g
（水10gを加えてふやかしておく）	
生クリーム（8分立て）	60g

デコレーション
クレーム・シトロン	上記から適量
ナパージュ	
（非加熱タイプ、93ページ参照）	適量
生クリーム（8分立て）	40g
金柑のシロップ煮、冷凍グロゼイユ、	
エディブルフラワー	各適量

作り方

1　36ページを参照してビスキュイ・キュイエールの生地を作る。コピー用紙に側面用に18×13cmの長方形、底用に直径5cmの丸形を4枚絞る。側面用には粉糖を茶漉しでふり、190度のオーブンで8〜9分焼く。

2　側面用は16×3cmの帯状に4本カットし、底は直径4cmの抜き型で抜く。型に側面用のビスキュイを焼き面を外側に向けてはめ、底用ビスキュイを敷く。

3　いちごのコンフィチュールを作る。鍋に材料をすべて入れて中火にかけ、混ぜながらややとろみがつくまで煮詰める。さまして、ここから20gを使用する。

4　ムース・ココを作る。ふるったココナッツミルクパウダーと砂糖をよく混ぜ、牛乳を少しずつ加える。

Point
ココナッツミルクパウダーはダマになりやすい。吸水性のある砂糖と混ぜてから牛乳を加えると溶けやすい。

5　ふやかしてレンジで溶かしたゼラチンを加え、ボウルごと氷水にあてて冷やしてとろみをつける。8分立ての生クリームを加えてまんべんなく混ぜ合わせる。

6　2の型にビスキュイと同じ高さまで流し、軽く平らにならす。冷蔵庫に入れて冷やし固める。

7　クレーム・シトロンを作る。レモン皮をすりおろし、果汁を絞る。ボウルにすべての材料を入れて弱火の湯せんにかける。泡立て器で絶えず混ぜながらゆっくり加熱する。

Point
皮の白い部分は苦味が出るので、黄色い表皮だけをすりおろすこと。

8　徐々にとろみがついてくる。泡立て器のあとがつき、プルプルとしたら湯せんからはずす。茶漉しで漉しながらボウルにあける。

9　ムース・シトロン用に60gを取り分け、ふやかしてレンジで溶かしたゼラチンを加えてさます。残りのクレーム・シトロンは飾り用にとっておく。

10　8分立てにした生クリームを加えて全体をまんべんなく混ぜ、ムース・シトロンを仕上げる。

13　残りのムース・シトロンを流してパレットで上面を平らにならし、冷蔵庫で冷やし固める。この段階で冷凍保存も可能（92ページ参照）。

11　6の上に半量流し、スプーンの背で側面のふちになすりつけて、すり切る。

14　飾り用に残しておいたクレーム・シトロンに同量のナパージュを加えて混ぜ合わせ、パレットで上面に塗る。

12　真ん中のくぼみにいちごのコンフィチュールを4等分して入れる。

15　型から抜き、8分立てにした生クリームをサントノーレ口金（切り口が1.5cmのものを使用）をつけた絞り袋に入れ、ウェーブさせながら半面だけ絞る。半割にした金柑のシロップ煮、グロゼイユ、エディブルフラワーを飾る。

Arrange
＊＊＊

プティタルトとロシアンティーでティータイム

クレーム・シトロンは同量のホイップクリームと混ぜ合わせ、市販のタルトカップに絞るとレモンクリームタルトに。赤ワイン入りのいちごのコンフィチュールは、紅茶に入れてロシアンティーとしても楽しめます。

Bananier

バナニエ

いちごと濃厚なクレーム・パティシエールのお菓子「フレジエ」を、いちごではなくバナナで作ってみました。クレーム・パティシエールには本来はバターを混ぜるところをホイップした生クリームに変えて、軽やかな口当たりにアレンジしています。バナナの甘味とトロピカルな風味が引き立つよう、パッションフルーツピュレでマリネするのがポイントです。

風味アップのコツ

マリネでトロピカルな風味と酸味をプラス
クレーム・パティシエールとバナナだけだと、ぼんやりした味わいになりがち。マリネでパッションフルーツの酸味と風味を補うだけで、味に奥行きが出ます。水っぽくならないように、水気は十分切ってから使いましょう。

材料　10×15cmの長方形セルクル1台分

バナナのマリネ
- バナナ ……………………… 大きめ約2本（約200g）
- 冷凍パッションフルーツピュレ（解凍しておく） ……………………… 20g

ビスキュイ・ジョコンド
- 卵白 ……………………… 50g
- 砂糖 ……………………… 30g
- 全卵 ……………………… 35g
- 粉糖 ……………………… 25g
- アーモンドパウダー ……………………… 25g
- 薄力粉 ……………………… 22g

クレーム・パティシエール
- 牛乳 ……………………… 130g
- 砂糖 ……………………… 45g
- 卵黄 ……………………… 2個
- 薄力粉 ……………………… 10g

クレーム・レジェール
- クレーム・パティシエール ……………………… 左記全量
- （このうち15gは仕上げ用クリームに使用）
- 粉ゼラチン ……………………… 3g
- （水15gを加えてふやかしておく）
- バニラエッセンス ……………………… 少々
- ラム酒 ……………………… 3〜5g
- 生クリーム（9分立て） ……………………… 60g

ポンシュ（材料を混ぜ合わせておく）
- バナナのマリネ液 ……………………… 20g
- コアントロー ……………………… 10g

仕上げ用クリーム
- クレーム・パティシエール ……………………… 左記から15g
- 食塩不使用バター ……………………… 10g

デコレーション
- ナパージュ
- （非加熱タイプ、93ページ参照） ……………………… 適量
- ココア ……………………… 適量
- バナナ ……………………… 適量

Bananier バナニェ

下準備

底のサイズが19×24cmの箱をコピー用紙で作り、四隅をホッチキスなどでとめる。高さは2〜3cmあればよい。

作り方

1
バナナのマリネを作る。バナナを1cm厚さの輪切りにし、パッションフルーツピュレであえる。表面にラップを張りつけ、1時間おく。

2
36ページを参照してビスキュイ・ジョコンドを作る。ここでは下準備した箱に平らに伸ばし、190度のオーブンで13分程度焼く。乾燥しないようにオーブンシートをかぶせてさまし、さめたらシートをはがしてセルクルのサイズに合わせて2枚カットする。

3
64ページを参照してクレーム・パティシエールを作る。炊き上がったら、すぐに仕上げ用クリーム用に15gを別に取り分ける。残りのクレーム・パティシエールが熱いうちにふやかしたゼラチンを加え、余熱で溶かし混ぜる。ボウルごと氷水にあて、ゆっくり混ぜながらさます。

4
十分にさめたらバニラエッセンス、ラム酒を順に加える。

5
生クリームを9分立てにする。しっかり固く、角が立ってうっすらザラつきが出はじめるぐらいが目安。

Point
よく泡立てておくことで、ふんわりした口あたりになる。

6
5を4に加え、全体をゴムべらでまんべんなく混ぜ、クレーム・レジェールを仕上げる。

7
ビスキュイ・ジョコンドを焼き色が上になるようにセルクルに1枚敷く。マリネしたバナナをザルにあけて十分に水気を切る。液体はコアントローと混ぜてポンシュにし、刷毛でビスキュイにしみ込ませる。

8
バナナを型の内側に張りつけて並べる。

9　1cmの丸口金をつけた絞り袋にクレーム・レジェールを入れ、バナナに軽く押しつけながら1周絞る。

13　残りのビスキュイ・ジョコンドの焼き面に軽くポンシュをしみ込ませ、裏返して型にのせる。まな板やバットなど平らなもので上から押さえ、表面を平らにする。ポンシュを全体に軽くしみ込ませる。

10　型のふちから1cm高さにはクレームがつかないように注意しながら、クレームでバナナを覆う。

14　仕上げ用クリームを作る。取り分けたクレーム・パティシエール15gに、室温で柔らかくしたバターを加えてよく混ぜる。

11　底にもクレームを絞って全体を覆い、バナナをぎっしり並べる。

15　13の上面に平らになるように薄くパレットで塗る。冷蔵庫で十分に冷やし固める。

12　型のふちから1cmの高さまでクレームを絞り、軽く平らにならす。

Point
型のふちについたクレームはペーパーできれいにふき取る。

16　表面が固まったら、ナパージュをむらがないようにパレットで塗り広げる。ココアを茶漉しでうっすらふりかけ、パレットでこすって模様をつける。

17　92ページを参照して型から抜き、5等分する。薄い輪切りにしたバナナを少し広げてバット（焦げ色がついてもよいもの）の上に並べ、バーナーで焦げ色をほどよくつける。さめたら上面にのせ、好みでケーキピック（市販の紙製の飾り）を飾る。

George V

ジョルジュサンク

George V

ジョルジュ サンク

しっとりした食感のビスキュイ・サンミッシェルとビターなシャンティ・ショコラを何層にも重ねました。上面に塗ったフランボワーズのナパージュは、手作りコンフィチュールがベース。種のつぶつぶを残し、甘さ控えめに作ることで、チョコレートの濃厚さに負けない存在感ある味に仕上がります。

風味アップのコツ ＊＊＊

コンフィチュールで風味を凝縮

粒入りのまま煮詰めることで味が凝縮され、フランボワーズの風味と酸味を引き出せます。砂糖を控えるぶん、ペクチンの配合を増やして濃度をつけます。ナパージュを加えれば、美しいつやを出せます。

材料　　長さ約10cmの長方形5本分

ビスキュイ・サンミッシェル
- 卵白 ……………………………… 60g
- 砂糖（メレンゲ用）……………… 30g
- 食塩不使用バター ………………… 30g
- ココア …………………………… 25g
- 卵黄 ……………………………… 2個
- 砂糖 ……………………………… 30g
- 薄力粉 …………………………… 15g
- アーモンドパウダー …………… 15g

シャンティ・ショコラ
- カカオ分65%ビターチョコレート … 40g
- 生クリーム ……………………… 40g
- 生クリーム（6分立て）………… 60g

ポンシュ（材料を混ぜ合わせておく）
- クレーム・ド・フランボワーズ
  （フランボワーズリキュール）…… 20g
- 水 ………………………………… 15g

コンフィチュール・フランボワーズ
（ここから半量を使用する）
- 冷凍フランボワーズ（ホール）…… 40g
- 水 ………………………………… 20g
- 砂糖 ……………………………… 10g
- ジャム用ペクチン ………………… 3g
- ナパージュ（非加熱タイプ、93ページ参照）
  ……………………………………… 30g

デコレーション
- フランボワーズ、ベルローズ（食用バラ）
  ………………………………… 各適量
- 金粉 ……………………………… 適量

＊コンフィチュール・フランボワーズは量が少ないと作りづらいので、多めに作って半量だけを使用する。

＊ペクチンは必ずジャム用を使用すること。製菓材料店で購入できる。

George V
ジョルジュサンク

下準備

底のサイズが18×26cmの箱をコピー用紙で作り、四隅をホッチキスなどでとめる。高さは2～3cmあればよい。

作り方

1. ビスキュイ・サンミッシェルを作る。卵白に砂糖30gを加え、ハンドミキサーの高速でしっかり角が立つまで泡立てる。

2. バターとココアをレンジで溶かし、よく混ぜて45度程度に調整する。卵黄と砂糖を泡立て、白っぽく、もったりしてきたところに加え、まんべんなく混ぜる。

3. メレンゲを半量加えてざっと混ぜ、薄力粉とアーモンドパウダーを合わせてふるい入れる。粉っぽさがなくなるまでゴムべらで混ぜる。

4. 残りのメレンゲを加え、泡をつぶさないようにまんべんなく混ぜ合わせる。

Point
卵白の泡は油脂分に弱く、つぶれやすいので混ぜすぎないように。

5. 用意した箱に流し、カードでざっと平らにならす。180度のオーブンで13～14分焼く。乾燥しないようにオーブンシートをかぶせてさます。

6. ビスキュイがさめたら紙をはがし、13×11cmの長方形が2枚取れるように十字に切り分ける。残りは2枚をつぎ合わせて13×11cmにする。

7. シャンティ・ショコラを作る。チョコレートと生クリーム40gをレンジにかけ、生クリームがぶくっとわきはじめたら取り出す。よく混ぜてガナッシュを作り、そのままさます。

8. 6分立ての生クリーム60gを2回に分けて加え、ざっと混ぜる。混ぜすぎるとざらついてくるので注意。

9. ポンシュを焼き面すべてにしみ込ませる。あとから裏面にも塗るので、すべて使い切らないように。

10 1枚目のビスキュイに50gのシャンティ・ショコラをパレットで平らに塗り広げる。

11 つぎ合わせたビスキュイを裏返してのせ、ポンシュをしみ込ませる。全体が平らになるように軽く押さえる。仕上がりが傾かないよう、1段ずつ水平を意識して重ねること。

12 同様にシャンティ・ショコラとビスキュイを重ね、3枚目の上に残りのシャンティ・ショコラを塗り、平らにする。冷蔵庫で冷やし固める。この段階で冷凍保存も可能（92ページ参照）。

13 コンフィチュール・フランボワーズを作る。解凍したフランボワーズと水を小鍋に入れる。砂糖とペクチンを混ぜ合わせて加え、中火で混ぜながら煮詰める。

14 どろっとして濃度がついてきたら火を止めてボウルにあける。さめたらナパージュを混ぜる。

15 12の上面にコンフィチュール・フランボワーズを塗る。

16 まわりを切り揃え、5等分する。フランボワーズ、ペルローズを飾る。筆の先に金粉を少しつけ、筆をトントンと軽くたたいて上面に金粉をふって飾る。

Arrange
***

コンフィチュールで焼き菓子を華やかに

ナパージュを加える前のコンフィチュールは、味が濃くて食感もよいので、焼き菓子との相性も◎。サブレにサンドしたり、焼き菓子にのせて焼き込んでもおいしくいただけます。写真は型に流したフィナンシェ生地にコンフィチュールを波状に絞って焼き上げたもの。

Alma アルマ

Alma

アルマ

キルシュ風味のババロアのまわりにビスキュイを巻き、ふたをかぶせて真ん中にフルーツを彩りよくデコレーション。美しいシャルロット（帽子）形に仕上げました。中に入れたりんごは、ババロアの食感となじみをよくするために、フランボワーズピュレで柔らかく煮てコンポートにしました。フランボワーズの酸味がマイルドなババロアの風味を引き立たせます。

風味アップのコツ
* * *

りんごを柔らかなコンポートにする

りんごはそのままでは固くてババロアの食感になじまないので、柔らかく煮込みます。品種は紅玉が最適。酸味が強く、コンポートにしたときの食感もババロアによく合います。その他の品種のときはレモン汁を多めに加えて酸味を効かせましょう。

材料　直径15cmのセルクル1台分

りんごのフランボワーズコンポート
- りんご……………………¾〜小1個（約150g）
- 砂糖………………………22g（りんごの15%量）
- 冷凍フランボワーズピュレ（解凍しておく）
　……………………………30g（りんごの20%量）
- レモン果汁………………22g（りんごの15%量）
- 水…………………………………………適量

ビスキュイ・キュイエール
- 卵白……………………………………2個分
- 砂糖………………………………………60g
- 卵黄………………………………………2個
- 薄力粉……………………………………60g
- 粉糖………………………………………適量

ババロアキルシュ
- 卵黄………………………………………2個
- 砂糖………………………………………37g
- 牛乳……………………………………120g
- 粉ゼラチン…………………………………6g
- （水30gでふやかしておく）
- キルシュ…………………………………10g
- 生クリーム（8分立て）………………120g

デコレーション
- 溶けない粉糖……………………………適量
- 好みのフルーツ
　（りんご、ぶどう、いちご、フランボワーズ、
　ブルーベリー、キウイ、グロゼイユなど）
　……………………………………………適量
- セルフィーユ……………………………適量

＊溶けない粉糖はデコレーション用のシュガーパウダー

Alma アルマ

作り方

1. りんごのフランボワーズコンポートを作る。りんごは6〜7mm厚さのいちょう切りにし、砂糖、フランボワーズピュレ、レモン果汁、ひたひたの水を加えて中火で煮る。

2. 水分が飛んでしんなりしたらそのまま一晩おき、なじませる。この状態で密閉し、冷凍保存も可能。

3. ビスキュイ・キュイエールを焼く。36ページを参照して生地を作り、サントノーレ口金（切り口が2.5cmのものを使用）でふた用に軽くカーブさせながら5〜6cm長さに並べて絞り、円形にする。中心は直径5〜6cmほどあけておく。

4. 残りの生地は1cmの丸口金で側面用に11×24cmの長方形と、底用に直径13cmの円形に絞る。

5. ふた用と側面用には茶漉しで粉糖をたっぷりふる。3枚とも180度で11〜12分程度焼く。

6. 側面用は5cm幅の帯を2本カットし、長さを調節して型にぴったりとはめ込む。底用のビスキュイを型に敷き込む。

7. ババロアキルシュを作る。溶いた卵黄と砂糖の半量を泡立て器でよく混ぜる。牛乳に残りの砂糖を加えて沸騰させ、卵黄の入ったボウルに半量加えて混ぜ合わせる。牛乳の鍋に戻す。

8. ゴムべらに持ちかえ、ごく弱火にかけてゆっくりと混ぜながら加熱し、とろりとした濃度がついたらすぐに火からおろす。

9. ふやかしたゼラチンを加えて余熱で溶かす。ボウルにあけ、氷水にあてて混ぜながらさまし、キルシュを加える。

10 うっすらととろみがついてきたら、8分立てにした生クリームを合わせてまんべんなく混ぜる。

13 型からはずし、残しておいたババロアキルシュを上面に塗る。ふた用のビスキュイに溶けない粉糖を茶漉しで軽くふり、そっとのせて軽く押さえる。

11 ババロアキルシュの半量を6の型に平らに流す。りんごのフランボワーズコンポートを平らにのせる。

14 真ん中にフルーツ、セルフィーユを飾る。りんごは薄切りにし、扇のように広げてのせるときれいに見える。

12 ババロアキルシュを仕上げ用に少量だけ残しておき、残りは型に流して平らにならし、冷やし固める。この段階で冷凍保存も可能（92ページ参照）。

りんごのコンポートの赤が際立ち、切り口も鮮やか。

Mirtes
ミルテ

Mirtes

ミルテ

アーモンドパウダーたっぷりのリッチな生地に、爽やかなオレンジの香りを加えた焼き菓子です。中に挟んだドライアプリコットは、オレンジ風味のリキュールでマリネしてから混ぜ込み、生地との一体感を持たせています。焼いてから1〜2日経ってからが食べごろです。

風味アップのコツ
＊＊＊

ドライアプリコットを煮てからマリネ
ドライアプリコットはしっとりとした生地の食感になじまないので、一度柔らかく煮てからマリネします。トルコ産のようにおだやかな酸味のドライアプリコットより、アメリカ産や信州産のような酸味が効いたタイプのほうが味にメリハリがつくのでおすすめ。

材料　直径17cmのマルグリット型1台分

ドライアプリコットのマリネ
- ドライアプリコット……約70g
- 水……適量
- コアントロー……10g
- 食塩不使用バター（型用）……適量
- アーモンドスライス（型用）……適量

オレンジ風味のアーモンド生地
- 食塩不使用バター……80g
- 砂糖……60g
- 卵黄……2個
- アーモンドパウダー……50g
- はちみつ……10g
- オレンジ皮のすりおろし……¼個分
- 卵白……60g
- 砂糖（メレンゲ用）……25g
- 薄力粉……55g
- ベーキングパウダー……2g

デコレーション
- 溶けない粉糖……適量
- ドライアプリコット……適量
- オレンジスライスのコンフィ……適量
- グリーンレーズン……適量

＊溶けない粉糖はデコレーション用のシュガーパウダー

Mirtes ミルテ

作り方

1. ドライアプリコットを耐熱容器に入れ、ひたひたの水を入れる。ラップをしてレンジにかける。沸騰しはじめてから10秒ほどしたら取り出す。

2. コアントローをまわしかけ、表面にラップを張りつけ、常温で半日以上おく。

3. 型の準備をする。柔らかく戻したバターを型の内側に厚めに塗り、アーモンドスライスを全体に張りつける。冷蔵庫で冷やし固めておく。

4. アーモンド生地を作る。柔らかく戻したバターをハンドミキサーでクリーム状にする。砂糖、卵黄、アーモンドパウダー、はちみつを順に加える。加えるたびによく混ぜ合わせる。

5. オレンジの黄色い表皮部分だけをすりおろして加え、白っぽくなるまでよく撹拌する。

6. 卵白を泡立て、途中で砂糖を2回に分けて加え、しっかり固いメレンゲにする。

7. メレンゲの半量を5に加えてざっと合わせ、薄力粉とベーキングパウダーを一緒にふるい入れる。ゴムべらで下から大きくていねいに合わせる。

8. 粉っぽさがなくなったら残りのメレンゲを合わせる。まんべんなく混ざったら生地のできあがり。

9. 3の型に生地を半量流し、ざっとならす。2のドライアプリコットのマリネを水分を軽くペーパーで拭き取り、上にのせる。

Point
焼くと生地がふくらみ、横からアプリコットがはみ出るので、型のぎりぎりではなく少し内側にのせておく。

10　残りの生地を流し、ざっとならす。ふちはすり切りにし、中心は軽く凹ませておく。

12　さめたら、溶けない粉糖を茶漉しで外側だけにふり、ドライアプリコット、オレンジスライスのコンフィ、グリーンレーズンを飾る。密閉容器に入れ、冷暗所か冷蔵庫で1日ぐらい熟成させるとさらにおいしい。

11　180度のオーブンで35〜40分焼く。型を傾けながら型の側面をトントンと一周叩き、型からはがれたら逆さにして型から出す。この段階で冷凍保存も可能（92ページ参照）。

Arrange
＊＊＊

小形の焼き菓子に混ぜ込んで

ドライアプリコットのマリネはパウンドケーキやマドレーヌなどの小さな焼き菓子にカットして入れても。マリネしたものは冷蔵庫では2〜3日しか保たないので、それ以上保存する場合は冷凍しておきましょう。

基本パーツの作り方 Part 1

ここでは基本的な配合を紹介しています。それぞれのお菓子によって、配合と分量が変わることがありますので、各レシピに従って用意し、成形、焼成してください。

❋ ビスキュイ・キュイエール

卵白と卵黄を別立てで作るビスキュイは気泡が大きく、軽い食感です。パレットでシート状に伸ばす場合と、絞り袋で絞って成形する場合があります。

材料
卵白	1個分
砂糖	30g
卵黄	1個
薄力粉	30g

生地を絞るときは、絞り袋を寝かせ気味にして一定の太さに絞ること。絞り袋をオーブンシートに押しつけたり、絞り袋を立てて絞ると太さが一定になりづらい。

作り方

1 卵白をボウルに入れ、ハンドミキサーの高速で泡立てる。ボリュームが出て、ミキサーのあとが残る程度になったら、2回に分けて砂糖を加える。しっかりと固く、つやのあるメレンゲになるまで泡立てる。

2 卵黄を加え、ハンドミキサーの泡立て器1本をはずして持ち、ざっと軽く混ぜる。完全に混ざりきらなくてよい。

3 薄力粉をふるい入れる。粉をザルにあけ、ゴムべらで押しつけるように落とすと飛び散らない。

4 ボウルをまわしながら、ゴムべらで下から大きく全体を混ぜる。粉が見えなくなる程度で混ぜ終える。メレンゲが少しまだらな状態で残っていてもよい。混ぜすぎないように。

5 各レシピを参照して成形、焼成する。焼けたら天板からはずし、乾燥しないようにオーブンシートをかぶせてさましておく。

❋ ビスキュイ・ジョコンド

アーモンドがたっぷり入った生地で、しっとりしていてナッツの香ばしい風味に焼き上がります。基本的にシート状に焼き上げます。

材料
卵白	50g
砂糖	30g
全卵	35g
粉糖	25g
アーモンドパウダー	25g
薄力粉	22g

生地を伸ばすときは、パレット全体を使い、一気に面積を広げるように塗りつける。広がったらパレットを寝かせ気味にして水平にならすと厚みが均一になる。

作り方

1 卵白に砂糖を加え、ハンドミキサーの高速で泡立てる。密度の濃い、ねっちりした固いメレンゲになるまでよく泡立てる。

2 別のボウルで全卵、粉糖、アーモンドパウダーを合わせ、ハンドミキサーでもったりと白っぽくなるまで攪拌する。

3 メレンゲを2に半量加え、ゴムべらでざっと合わせる。薄力粉をふるい入れ、粉っぽさがなくなるまで下から大きく混ぜ合わせる。

4 残りのメレンゲも合わせ、まんべんなく混ぜる。混ぜすぎてメレンゲの泡をつぶさないように。

5 オーブンシート(コピー用紙ははがれにくいので使わないこと)の上に生地をあけ、L字パレットで各レシピの指定の大きさに伸ばす。均等な厚みに伸ばしたら、各レシピに合わせて焼成する。すぐに天板からはずし、乾燥しないようにオーブンシートをかぶせてさます。

❋ グラサージュ・ショコラ

漆のように黒くつややかにお菓子を仕上げるコーティング素材です。ゼラチンが冷えることで固まるので、ムースなど、冷蔵するお菓子に使用します。

材料
牛乳	45g
砂糖	25g
ココア	10g
粉ゼラチン	1g
(水5gを加えてふやかしておく)	

2で煮詰めすぎると冷やしたときに固くなって使いづらいので注意。

作り方

1 小鍋に牛乳、砂糖、ココアを入れて中火にかけ、泡立て器で混ぜながらココアを溶かす。耐熱のゴムべらにかえ、焦げないように混ぜながら炊く。

2 沸騰し、少し煮詰まってかさが減りはじめたら火からおろす。煮詰めすぎないように注意。

3 沸騰がおさまってから、ふやかしたゼラチンを加えて溶かす。

4 茶漉しで漉し、ダマを取り除く。ラップを表面に張ってさます。デコレーションに使うときは冷やして適度なとろみをつけてから使う。保存は冷蔵、冷凍どちらも可能。その場合はレンジで液状に溶かし、さまして濃度を調節してから使う。

Lesson 2

キャラメル&カフェの風味アップのコツ

香ばしさと苦味が効いた奥深い大人の味わいが楽しめるのが、キャラメルやコーヒー、紅茶を使ったお菓子。その風味を十分に生かすには、組み合わせる素材との味のバランスがとても大切です。キャラメルの焦がし具合を変えたり、コーヒーや紅茶の濃度を加減して抽出したりと、組み合わせごとに風味の出し方を調節してみましょう。

下ごしらえのコツ

✳︎✳︎✳︎ キャラメルソースは「焦がし加減」がポイント ✳︎✳︎

キャラメル味のムースやクリームは、ほろ苦い程度のほうがおいしく感じますが、ベースとなるキャラメルソースをほんのり焦がしただけでは、生クリームやチョコレートを混ぜ合わせると味が薄まり、風味を感じなくなってしまいます。ムースやクリーム用のキャラメルソースは、「少し焦がしすぎたかな？」と思うぐらい、しっかり苦く焦がしましょう。

フルーツをキャラメルソースでソテーしたり、プリンに使うキャラメルソースは、キャラメルの味がストレートに出るので、そのまま食べておいしい焦がし加減にとどめておきます。

✳︎✳︎✳︎ ナッツをキャラメリゼする ✳︎✳︎✳︎

シロップを煮詰めてナッツにからめて炒ると、カリカリ食感のキャラメリゼが作れます。ただローストしただけのナッツよりも香ばしくて存在感があり、食感のアクセントにも使えます。強火で表面だけを焦がさず、中火でナッツの中までじっくり火を通すのがおいしさのポイントです。

✳︎✳︎✳︎ りんごをキャラメルでソテー ✳︎✳︎✳︎

固い食感のりんごは、ソテーして柔らかくしてからお菓子に入れるとなじみやすくなります。このとき、キャラメルソースでソテーすれば、香ばしさが加わっておいしさがアップします。キャラメルは焦がしすぎず、琥珀色のほどよい苦味にしておきましょう。

Lesson 2

✱ ✱ ✱　コーヒー豆から香りを引き出す　✱ ✱ ✱

　コーヒー風味のムースやババロアは、生クリームなどを混ぜ合わせて作るので、普通に淹れたコーヒーの濃度では風味が薄くなってしまいます。通常よりもかなり濃く抽出しましょう。おすすめは、ローストが強く、細挽きされたエスプレッソ用のコーヒー豆。牛乳などの液体と一緒にわかし、ふたをしてじっくり時間をかけて風味を移し、この液体をムースやクリームのベースに使います。

　コーヒー豆を使うと、香り豊かには仕上がりますが、色と苦味はあまり出ないので、味をより際立たせたい場合は、インスタントコーヒーを併用します。

✱ ✱ ✱　紅茶の茶葉から風味を抽出する　✱ ✱ ✱

　紅茶の香りはとてもデリケートで、風味を引き出すのが難しい素材です。柑橘の香りをつけたアールグレイなど、なるべく香りが強くはっきりしている茶葉を使いましょう。ダージリンなど、繊細な香りの茶葉は向きません。

　ムースやガナッシュに風味をつけたいときは、牛乳や生クリームと一緒にわかして香りを抽出し、その液体をベースに作ります。このとき、牛乳や生クリームを最初から加えると、乳脂肪の力で茶葉が開きづらく、香りがあまり出てきません。まずは茶葉と水だけで沸騰させ、茶葉が十分開いてから牛乳などを注ぎ足し、じっくり時間をかけて抽出しましょう。茶葉は多め、抽出時間も長く取り、渋みを感じるぐらいに濃く煮出します。

　また、ビターチョコレートや酸味の強いフルーツでは紅茶の風味が負けてしまうので、おだやかな味わいのものと合わせるなど、組み合わせにも工夫が必要です。

○ 必ず水からわかし、茶葉が開いてから牛乳や生クリームを注ぎます。

✕ 牛乳を最初から入れると風味が出ません！

Fabio
ファビオ

Fabio

ファビオ

卵黄とシロップを泡立てた「パータ・ボンブ」を使ったふんわり食感のキャラメルムースにバナナを挟み、つややかなグラサージュ・ショコラでコーティングしました。キャラメル、バナナ、チョコレートの黄金の組み合わせで、世代を問わずみんなに愛されるおいしさです。

風味アップのコツ
***

キャラメルソースは濃く焦がす

ムース用のキャラメルソースは、パータ・ボンブと生クリームを混ぜ合わせると風味がどんどん薄まっていきます。ソースをなめると苦すぎると感じるぐらいしっかり焦がしておけば、ムースに仕上げたとき、ほどよいほろ苦さになります。

材料　直径6cm、高さ3.5cmのセルクル4個分

ビスキュイ・ショコラ・サンファリーヌ
- 卵白 ………………………………… 1個分
- 砂糖 ………………………………… 30g
- 卵黄 ………………………………… 1個
- ココア ……………………………… 13g

ムース・キャラメル
- 砂糖 ………………………………… 45g
- 水 …………………………………… 20g
- 生クリーム ………………………… 40g
- 粉ゼラチン ………………………… 3g
- （水15gを加えてふやかしておく）
- 砂糖（パータ・ボンブ用）……… 10g
- 水（パータ・ボンブ用）………… 8g
- 卵黄（パータ・ボンブ用）……… 1個
- 生クリーム（8分立て）………… 100g

- バナナ ……………………………… ½本

デコレーション用ガナッシュ
- ホワイトチョコレート …………… 15g
- 生クリーム ………………………… 12g

グラサージュ・ショコラ
- 牛乳 ………………………………… 90g
- 砂糖 ………………………………… 50g
- ココア ……………………………… 20g
- 粉ゼラチン ………………………… 2g
- （水10gを加えてふやかしておく）
- チョコ飾り（94ページ参照）…… 適量
- 金ぱく ……………………………… 適量

Fabio ファビオ

作り方

1 36ページのビスキュイ・キュイエールを参照しビスキュイ・ショコラ・サンファリーヌを焼く。ここでは最初から砂糖を卵白に加えて泡立て、薄力粉のかわりにココアをふるって合わせる。オーブンシートに22×18cmの長方形に伸ばし、200度のオーブンで8〜9分焼く。天板からはずし、乾燥しないようにオーブンシートをかけてさます。

2 直径5cmの抜き型で4枚抜く。

3 ムース・キャラメルのキャラメルソースを作る。砂糖と水を小鍋に入れて中火にかけ、煮詰める。濃い茶色になるまで焦がし、火を止めて60度程度まで温めた生クリームを加える。

4 沸騰がおさまったらふやかしたゼラチンを加えて溶かす。ボウルに移し、常温でさます。

5 パータ・ボンブを作る。砂糖と水をレンジにかけて沸騰させる。卵黄をボウルに入れ、混ぜながら少しずつシロップを加える。

6 ボウルごと湯せんにかけ、うっすらととろみがついたら湯せんからはずす。

7 すぐにハンドミキサーの高速で泡立てる。白っぽくなり、泡立て器のあとがつくぐらいまでしっかり泡立てる。

8 ムース・キャラメルを仕上げる。パータ・ボンブにキャラメルソースを加え、泡立て器でざっと混ぜる。

9 8分立ての生クリームを加え、泡立て器で混ぜ合わせる。

10 バットにラップを敷き、セルクルをのせておく。ムース・キャラメルを型に半分まで流す。スプーンの背で型の側面に塗りつけ、ふちまですり切る。

11 8mm厚さの半月切りにカットしたバナナをのせ、軽く押し込む。

16 12を凍った状態で型から抜き(92ページ参照)、バットにのせた網の上に間隔をあけて並べ、パレットで角をなでてなだらかにする。角を取ることで、グラサージュがきれいにかけられる。

12 残りのムースを流す。ビスキュイを裏返して型の真ん中にのせ、型の高さまで押し込む。冷凍庫でしっかり凍らせる。この段階で冷凍保存も可能(92ページ参照)。

17 グラサージュ・ショコラを真ん中から一気にたっぷりまわしかけ、すぐにパレットで上面をならし、余分なグラサージュをサイドに落とす。

13 デコレーション用ガナッシュを作る。ホワイトチョコレートと生クリームをレンジにかけ、軽く沸騰したらよく混ぜる。

18 すぐに14のデコレーション用ガナッシュで上面の半分にラインを描く。

14 よくさましてからビニール製の絞り袋に入れ、先を細く切っておく。

Point
さまして濃度をつけておかないと、グラサージュの上に絞ったときに沈んで見えなくなる。

19 竹串を寝かせて持ち、表面にそっとふれる程度に横線を3本引く。両端のラインは内側から外側へ、中央のラインは外側から内側へ引くと矢羽模様になる。羽のチョコ飾り、金ぱくを飾る。

Point
グラサージュが固まる前にすばやく竹串で模様を描くのがポイント。深彫りせず先端で表面だけをなぞる。

15 36ページを参照してグラサージュ・ショコラを作る。氷水にボウルごとあて、冷やしてどろりとするまで濃度をつける。

Jébique ジェビック

Jébique

ジェビック

プラリネとビターチョコレートのクリームを2層に重ねました。どちらもクレーム・パティシエールをベースにしており、ムースとはまた違う、濃厚でまろやかな口当たりが楽しめます。カリッと香ばしいナッツのキャラメリゼを中に加え、食感にアクセントをつけました。一層ずつまっすぐ重ねることが、美しい見た目につながります。

風味アップのコツ ✽✽✽

ナッツを香ばしくキャラメリゼする

カリッとした食感と香ばしさがこのお菓子のポイントになるので、キャラメリゼするときは中火で濃いきつね色になるまでじっくり炒り、中まで十分火を通します。

材料　15×10cmの長方形セルクル1台分

ビスキュイ・ジョコンドショコラ
- 卵白　50g
- 砂糖　30g
- 全卵　35g
- 粉糖　25g
- アーモンドパウダー　25g
- 薄力粉　20g
- ココア　6g

ナッツのキャラメリゼ
- ヘーゼルナッツ、クルミ、アーモンドなど　合わせて30g
- 砂糖　20g
- 水　10g

クレーム・パティシエール
- 牛乳　125g
- 砂糖　30g
- 卵黄　1個
- 薄力粉　8g

クレーム・ショコラ
- クレーム・パティシエール　左記から50g
- カカオ分65%ビターチョコレート（刻んでおく）　20g
- 食塩不使用バター　10g

クレーム・プラリネ
- クレーム・パティシエール　左記から85g
- カカオ分65%ビターチョコレート（刻んでおく）　8g
- アーモンドプラリネペースト　20g
- 粉ゼラチン　4g
- （水20gを加えてふやかしておく）
- 生クリーム（8分立て）　85g

ポンシュ
（材料を混ぜ合わせておく）
- グランマルニエ　10g
- 水　20g

デコレーション
- ナパージュ（非加熱タイプ、93ページ参照）　適量
- インスタントコーヒー　適量
- ナッツのキャラメリゼ　左記から適量
- ピスタチオ　適量

作り方

Jébique ジェビック

1. 36ページを参照してビスキュイ・ジョコンドショコラを作る。ここでは薄力粉と一緒にココアもふるい入れて作り、オーブンシートに26×22cm程度に伸ばす。190度のオーブンで8～9分焼く。

2. 乾燥しないようにオーブンシートをかけてさます。さめたらシートをはがし、セルクルのサイズに合わせて2枚カットする。

3. ナッツのキャラメリゼを作る。ナッツはごく粗く刻んでおく。小鍋に砂糖と水を入れて沸騰させ、煮詰まってねっちりした状態になったら火を止め、ナッツを加える。

4. ゴムべらでよく混ぜ合わせてシロップをナッツにからませる。白っぽく結晶化し、パラパラとほぐれるまで混ぜ続ける。

5. 再度中火にかけ、色づいて香ばしくなるまで混ぜながら加熱する。結晶化した砂糖がキャラメル色になったらできあがり。オーブンシートの上に平らに広げてさます。

6. 飾り用に1/4ほど残し、残りは細かく刻む。

7. 64ページを参照し、クレーム・パティシエールを炊く。

8. 熱いうちにクレーム・ショコラ用に50gを取り分け、チョコレート20gを入れたボウルに加えて余熱でチョコレートを溶かす。ラップを表面に張りつけてさます。

9. クレーム・プラリネを作る。熱いうちにクレーム・パティシエール85gにチョコレート8gを加えて溶かし、アーモンドプラリネペースト、ふやかしてレンジで溶かしたゼラチンを混ぜ合わせる。ラップを表面に張りつけてさます。

Point
ビターチョコレートを少量加えることで、味が引き締まる。

10　さめたら8分立ての生クリームを混ぜ合わせ、刻んだナッツのキャラメリゼの半量を加えて混ぜる。

15　12の上に流して平らにならし、焼き面にポンシュをしみ込ませたビスキュイ・ジョコンドショコラを裏返してのせる。冷蔵庫で冷やし固める。この段階で冷凍保存も可能（92ページ参照）。

11　型にラップをかぶせ、輪ゴムで止める。ラップ側を底にしてトレーにのせる。クレーム・プラリネを空洞ができないように型に流し、平らにならす。

16　裏返してラップをはがし、パレットでナパージュを塗る。濃く溶いたインスタントコーヒーを所々にのせ、パレットの先でさっとなじませる。

12　ビスキュイ・ジョコンドショコラ1枚の焼き面にポンシュをしみ込ませ、裏返して型にのせる。裏側にもポンシュをしみ込ませる。冷蔵庫に入れておく。

17　92ページを参照して5等分し、飾り用のナッツのキャラメリゼ、刻んだピスタチオを散らす。

13　8を混ぜて柔らかく戻し、ポマード状に柔らかく戻したバターを加え、白っぽくなるまでよく攪拌する。

14　刻んだナッツのキャラメリゼの残りを加えて混ぜ合わせる。

Dee・D
ディーディ

Dee・D

ディーディ

バタークリームとガナッシュを何層にも重ねたクラシックなケーキ「オペラ」。本来はビターなコーヒー味ですが、キャラメル味のバタークリームとミルクチョコレートのガナッシュに変えて、マイルドで香ばしくアレンジしました。甘ったるくならないよう、キャラメルソースはよく焦がし、ほろ苦く仕上げるのがポイントです。

風味アップのコツ ✳✳✳

キャラメルソースをしっかり焦がす

キャラメルソースの焦がし方が足りないと甘いだけのクリームになってしまい、ガナッシュの味と一体化してしまいます。強く焦がし、バターに混ぜ込める限界の量までたっぷり加え、苦味を効かせてマイルドなガナッシュとのメリハリをつけます。

材料　長さ約11cmの長方形5本分

ビスキュイ・ジョコンドカフェ
- 卵白 ……………………………… 50g
- 砂糖 ……………………………… 30g
- 全卵 ……………………………… 35g
- 粉糖 ……………………………… 25g
- アーモンドパウダー ……………… 25g
- 薄力粉 …………………………… 22g
- インスタントコーヒー（粉末タイプ） … 2g

ポンシュ（材料を混ぜ合わせておく）
- 水 ………………………………… 30g
- ラム酒 …………………………… 15g

ガナッシュ
- カカオ分44%ミルクチョコレート
- （細かく刻んでおく）……………… 50g
- 生クリーム ……………………… 28g

キャラメルソース
- 砂糖 ……………………………… 40g
- 水 ………………………………… 15g
- 生クリーム ……………………… 45g

キャラメルバタークリーム
- キャラメルソース ……… 上記から50g
- 食塩不使用バター ……………… 50g

グラサージュ・キャラメル
- カカオ分44%ミルクチョコレート
- （細かく刻んでおく）……………… 20g
- 生クリーム ……………………… 10g
- キャラメルソース …… 上記から約20g

デコレーション
- 金ぱく …………………………… 適量

作り方

1 36ページを参照してビスキュイ・ジョコンドカフェを作る。ここでは薄力粉と一緒にインスタントコーヒーをふるい入れて作る。オーブンシートにのせ、パレットで26×21cm程度の長方形に伸ばし、200度のオーブンで8〜9分焼く。乾燥しないようにオーブンシートをかぶせてさます。

2 シートをはがし、13×14cmの長方形が2枚取れるように十字に切り分ける。残りは2枚をつぎ合わせて13×14cmにする。焼き面にポンシュを刷毛でしみ込ませる。あとから裏面にも塗るので、すべて使い切らないように。

3 ガナッシュを作る。ミルクチョコレートと生クリームをレンジにかけ、生クリームが沸騰しはじめたら取り出し、よく混ぜてなめらかなガナッシュにする。

4 できたてはサラサラしているので、冷蔵庫で冷やして濃度をつける。たまにゴムべらで全体をざっと混ぜながら様子を見て、塗りやすい柔らかめのペースト状にする。

5 キャラメルソースを作る。砂糖と水を小鍋に入れ、中火にかけて濃いキャラメル色に焦がし、60度程度まで温めた生クリームを2回に分けて加える。蒸気でやけどしないように注意する。

6 ボウルにあけ、常温でよくさます。キャラメルソースが温かいと、このあと加えるバターが溶けて空気を含まなくなる。

7 キャラメルバタークリームを作る。バターを常温で戻して柔らかいクリーム状にし、キャラメルソース50gを4回に分けて加え、そのつどハンドミキサーでよく攪拌する。

8 白っぽく空気を含んだらできあがり。バターとキャラメルソースだけのクリームなので、空気をよく含ませておくこと。

Point 混ぜすぎたり、泡立て器を使うと分離するので注意。

9　組み立てる。ビスキュイ1枚にキャラメルバタークリームを半量のせ、パレットで塗り広げる。はみ出していいので、端まできっちり広げる。クリームの厚みが揃うように平らにならす。

10　つぎ合わせたビスキュイを裏返してのせ、軽く押さえて密着させる。残りのポンシュの半量をしみ込ませる。

11　ガナッシュを平らに塗り広げる。何度もパレットでなでると分離するので手早く作業するのがポイント。

12　3枚目のビスキュイを裏返してのせ、残りのポンシュをすべてしみ込ませる。残りのキャラメルバタークリームを平らにならし、冷蔵庫で冷やしておく。このまま1〜2日冷蔵庫で乾燥しないように密閉容器に入れて寝かせると、さらにおいしくなる。この段階で冷凍保存も可能（92ページ参照）。

13　グラサージュ・キャラメルを作る。ミルクチョコレートと生クリームをレンジにかけ、生クリームが沸騰しはじめたらよく混ぜてなめらかなガナッシュにする。残りのキャラメルソース（約20g）を加えて混ぜる。やや温かい（約35度）程度に調整しておく。

Point　熱すぎるとバタークリームが溶け、逆にさめているとすぐに固まって伸ばしづらい。

14　ケーキの真ん中から一気に流しかけ、すぐにパレットで全体に広げる。パレットで表面を削ってしまわないように注意。

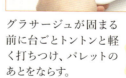

15　グラサージュが固まる前に台ごとトントンと軽く打ちつけ、パレットのあとをならす。

Point　手早く塗り広げないとグラサージュが固まってきて塗りあとが残ってしまう。

16　冷蔵庫で30分ほど冷やし固める。92ページを参照して4辺を切り揃えてから5等分し、金ぱく、好みでケーキピック（市販の紙製の飾り）を飾る。

Tarte d'Amian Pomme Caramelisé

タルト・ダミアン・ポンム・キャラメリゼ

Tarte d'Amian Pomme Caramelisé

タルト・ダミアン・ポンムキャラメリゼ

タルト生地にアーモンドのアパレイユ（流動性の生地）を流して焼き上げる「タルト・ダミアン」は、フランス北部の都市アミアンの伝統菓子。ここに香ばしくキャラメルソテーしたりんごを詰めてアレンジしました。サクサクのタルト、しっとりアパレイユ、ジューシーなりんごと、食感のコントラストが楽しめるお菓子です。

風味アップのコツ ✲✲✲

キャラメルでりんごをソテーする

りんごの風味を引き立てるには、キャラメルは薄めに焦がして、ほどよい香ばしさにとどめておくのがポイント。また、タルトが湿気ないように水分が飛ぶまでしっかり炒めましょう。

材料　直径6.5cm、高さ2cmのタルトカップ4個分

パータ・シュクレ

薄力粉	70g
粉糖	25g
食塩不使用バター	35g
卵黄	小1個
バニラエッセンス	2〜3滴

りんごのキャラメルソテー
（このうち48gだけを使用）

りんご（できれば紅玉）	小½個
砂糖	15g
水	10g

アパレイユ

全卵	30g
砂糖	30g
アーモンドパウダー	30g
食塩不使用バター	30g
（レンジで溶かしておく）	
粉糖	適量
溶けない粉糖	適量

＊溶けない粉糖はデコレーション用のシュガーパウダー

＊アントルメ（直径16cm、高さ3cmのマンケ型1台分）の場合は、りんごのキャラメルソテーを80g使用し、アパレイユは倍量で仕込む。同様に作り、170度のオーブンで50分ほど焼く。

作り方

Tarte d'Amian Pomme Caramelisé
タルト・ダミアン・ポンムキャラメリゼ

1. パータ・シュクレを作る。フードプロセッサーに薄力粉、粉糖、冷たいままのバターを入れる。フードプロセッサーをまわし、粉々の状態にする。

2. 卵黄、バニラエッセンスを入れ、再度フードプロセッサーをまわす。スイッチのオンとオフをくり返し、ガッ、ガッ、とプッシュで少しずつまわす。はじめは粉々だが、だんだんとそぼろ状になる。

3. 粉っぽさがほぼなくなり、炒り卵ほどのしっとりしたそぼろ状になったらできあがり。まわしすぎると食感が悪くなるので注意。ビニール袋に入れて平らにし、冷蔵庫で1時間以上休ませる。

Point
休ませることで焼き縮みを防ぐ。生地が固くなるので、このあとの作業もやりやすい。

4. 生地を4等分し、打ち粉(分量外)をしながら麺棒で3mm厚さに伸ばす。

5. 型にかぶせ、少しずつひだを寄せるように型に生地を沿わせる。底、側面に指でしっかり密着させる。底と側面がすべて同じ厚みになるように。薄い部分があると焼いたときに壊れやすい。

6. ナイフでふちを水平に切り取り、フォークで底にまんべんなく穴をあける。冷蔵庫で1時間休ませる。

7. アルミカップを敷き、小豆やパイ用の重石を型の高さまで入れ、180度のオーブンで12〜13分焼く。

8. ふちに焼き色がついたら重石とアルミカップをそっとはずし、さらに7〜8分焼く。写真左が重石をはずしたところ、右が焼き上がり。

9. りんごのキャラメルソテーを作る。りんごの皮をむき、7〜8mm厚さのいちょう切りにする。砂糖、水を鍋に入れ、中火にかけてほどよいきつね色に焦がし、りんごを加える。

10 　中火でソテーし、りんごがしんなりし、水分が飛んだところで火を止める。バットなどにあけ、完全にさます。このまま冷凍保存も可能。

11 　アパレイユを作る。全卵、砂糖、アーモンドパウダーをボウルに入れ、ハンドミキサーで白っぽくなるまで撹拌する。しっかり空気を含ませることで、ふんわり焼き上がる。

12 　溶かしたバターを加え、ゴムべらで全体を合わせる。まんべんなく混ざったらアパレイユのできあがり。

13 　から焼きしたタルトカップに、りんごのキャラメルソテーを12gずつ底に広げて入れる。アパレイユを等分に流し込む。ふちよりやや少ないが焼くとふくらむので大丈夫。

14 　茶漉しでたっぷり粉糖をふる。パータ・シュクレ部分についた粉糖は、焦げやすいので、きつく絞ったぬれ布巾で拭く。

Point
粉糖が溶け固まってふたになり、表面はさっくり、中は水分が閉じ込められてしっとり仕上がる。

15 　170度のオーブンで25分ほど焼く。粗熱が取れたら型とタルトの間にナイフを入れ、ぐるっと1周させて、そっと型から取り出す。手に持つときは、上面の粉糖の膜をはがさないように。さめたら溶けない粉糖を茶漉しでふり、ふちについたものは刷毛で払う。

Arrange
* * *

フランス風アップルパイ「ショソン・ポンム」に

りんごのキャラメルソテーはいろんなお菓子の具材としても活躍。パイに包んで焼けば、おしゃれなショソン・ポンムになります。薄くスライスしてソテーし、パウンドケーキにも混ぜ込めます。

Ivan イヴァン

Ivan

イヴァン

エスプレッソのムースにミルクチョコレートのクリームを重ね、ラムレーズンを忍ばせました。コーヒーとラムの香りが効いたビターで大人の味わいです。グラサージュでつややかに表面を覆い、デコレーションもシンプルに。味わいに合わせて見た目もクールで大人っぽく仕上げました。

風味アップのコツ ✲ ✲ ✲

コーヒー豆とインスタントを併用

香り高いムース・エスプレッソを作るには、コーヒー豆を煮出しただけでは香りはよくても苦味が足りません。エスプレッソ用の豆とインスタントコーヒーの2種類を併用し、香りも苦味もしっかり抽出します。

材料　直径6.5cm、高さ3cmのシリコン製ストーン型4個分

ビスキュイ・ショコラ・サンファリーヌ
- 卵白 — 1個分
- 砂糖 — 30g
- 卵黄 — 1個
- ココア — 13g

ムース・エスプレッソ
- 牛乳 — 50g
- エスプレッソ用細挽きコーヒー — 4g
- インスタントコーヒー — 3g
- 卵黄 — 1個
- 砂糖 — 10g
- 粉ゼラチン — 2g
- （水10gを加えてふやかしておく）
- ホワイトチョコレート（刻んでおく） — 35g
- 生クリーム（8分立て） — 60g

シャンティ・ショコラ・オレ
- カカオ分44％ミルクチョコレート — 25g
- 生クリーム — 25g
- ラムレーズン（市販品） — 15g

グラサージュ・ショコラ
- 牛乳 — 90g
- 砂糖 — 50g
- ココア — 20g
- 粉ゼラチン — 2g
- （水10gを加えてふやかしておく）

デコレーション
- チョコ飾り（94ページ参照） — 適量
- 金ぱく、金ぱくスプレー — 各適量

作り方

1 36ページのビスキュイ・キュイエールを参照しビスキュイ・ショコラ・サンファリーヌを焼く。ここでは、最初から砂糖を卵白に加えて泡立て、薄力粉のかわりにココアをふるって合わせる。オーブンシートに22×18cm程度の長方形に伸ばし、200度のオーブンで8〜9分焼く。天板からはずし、乾燥しないようにオーブンシートをかけてさます。

2 直径4.5cmの抜き型で4枚抜き、3cm角の正方形に4枚切る。

3 ムース・エスプレッソを作る。小鍋に牛乳、エスプレッソ用細挽きコーヒー、インスタントコーヒーを入れ、沸騰させる。

4 火を止めてボウルなどでふたをし、20〜30分おいて風味をよく抽出する。

5 溶いた卵黄と砂糖を泡立て器でよく混ぜる。4を沸騰させ、半分を混ぜながら加える。ゴムべらに持ちかえて4の鍋に戻す。

6 ごく弱火にかけ、ゆっくり混ぜながら加熱し、とろりとしてきたらすぐに火からおろす。

7 ふやかしたゼラチンを加えて余熱で溶かす。刻んだホワイトチョコレートを入れたボウルに入れ、よく混ぜて溶かし合わせる。

Point
ホワイトチョコレートを加えることで味わいにコクが出る。

8 ボウルごと氷水にあて、混ぜながらさましてとろみをつける。8分立ての生クリームを合わせてまんべんなく混ぜる。

9 型にムース・エスプレッソを4等分して流し、スプーンの背で型の側面に塗りつけ、ふちですり切る。

10 シャンティ・ショコラ・オレを作る。ミルクチョコレートを湯せんで溶かし、人肌程度の温度に調節する。7分立ての生クリームを半量加え、全体をよく混ぜる。

11　残りの生クリームを加え、泡立て器で下からざっと混ぜ、混ざりきらないうちにゴムベラにかえ、全体をほぼ混ざりきった状態にする。

15　丸く抜いたビスキュイを焼き面を下にしてのせ、軽く押して密着させる。冷凍庫で完全に固める。この段階で冷凍保存も可能(92ページ参照)。

12　できあがり。2回目に生クリームを加えてから混ぜすぎると、分離してぼそぼそになってしまうので注意。

16　凍ったムースを型の裏から押し出して取り出す。バットの上に網を敷き、その上に間をあけて並べ、再度冷凍庫で冷やしておく。

13　3cm角に切ったビスキュイを型に入れて軽く押し込む。シャンティ・ショコラ・オレを4等分して入れる。

17　36ページを参照してグラサージュ・ショコラを作る。冷やしてとろりとした濃度に調節する。16のムースに一気に全体に流しかける。

14　ラムレーズンを4等分してのせ、軽く押し込む。

18　トレーや皿に移し、チョコ飾り、金ぱく、金ぱくスプレーで飾る。

Arrange
***

ドーム型にアレンジ

シリコン製のストーン型でなくても、金属製のドーム型や円筒セルクルなど、手持ちの型でも作れます。

T.C.
ティーセー

T.C.

ティーセー

アールグレイのババロアが主役のプティガトーです。デリケートな紅茶の風味を生かすには、味が強すぎないマイルドなものと組み合わせるのがポイント。そこで、やさしい甘味のミルクチョコレートのムースを重ね、おだやかな風味の洋梨を食感のアクセントに入れました。

風味アップのコツ
* * *

紅茶の風味をしっかり抽出する

ババロアにすると風味が薄まるので、渋みが出るほど濃いミルクティーを作ります。牛乳にアールグレイの茶葉を入れて煮出しても、乳脂肪分が邪魔をして茶葉がよく開きません。先に水と茶葉で沸騰させ、茶葉が十分開いてから牛乳を加えましょう。牛乳を加えたあとは、たっぷり時間をかけることで風味がよく抽出されます。

材料　15×10cmの長方形セルクル1台分

ビスキュイ・ショコラ
- 卵白 ……………………………… 1個分
- 砂糖 ……………………………… 30g
- 卵黄 ……………………………… 1個
- 薄力粉 …………………………… 26g
- ココア …………………………… 4g
- ミルクチョコレート(模様用) …… 適量

ババロア・テ
- アールグレイの茶葉 …………… 5g
- 水 ………………………………… 30g
- 牛乳 ……………………………… 70g
- 卵黄 ……………………………… 1個
- 砂糖 ……………………………… 30g
- 粉ゼラチン ……………………… 4g
- (水20gを加えてふやかしておく)
- 生クリーム(7分立て) …………… 70g

ポンシュ (材料を混ぜ合わせておく)
- カルバドス ……………………… 10g
- 水 ………………………………… 15g

ムース・ショコラ・オレ
- カカオ分55%スイートチョコレート …… 15g
- ミルクチョコレート ………………… 20g
- 牛乳 ………………………………… 25g
- 粉ゼラチン ………………………… 2g
- (水10gを加えてふやかしておく)
- 生クリーム(7分立て) ……………… 45g
- 洋梨(缶詰、1.5cm角に切る) ……… 50g

デコレーション
- ナパージュ(非加熱タイプ、93ページ参照) ………………………………………… 適量
- インスタントコーヒー ……………… 適量
- 洋梨(缶詰、薄くスライスする) …… 適量
- 金粉 ………………………………… 適量

＊洋梨は具材、飾り用のどちらもカットしてからキッチンペーパーで水分をよく取っておく。

＊チョコレートの模様には、凹凸のついたコームを使用する。製菓器具店などで購入できる。

作り方

1. 36ページのビスキュイ・キュイエールを参照し、ビスキュイ・ショコラを作る。ここでは薄力粉と一緒にココアもふるい入れ、26×21cm程度の長方形に伸ばす。190度のオーブンで8〜9分焼く。型の大きさに合わせて長方形に2枚切り取る。

2. 湯せんかレンジでミルクチョコレートを溶かし、透明セロファンに薄く塗る。コームで上からなぞって縞模様を描く。そっとセロファンごとバットに移し、冷蔵庫で冷やし固める。

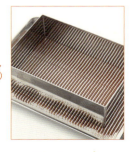

3. 2の上から型を置き、型を押しつけて固定する。型ごと再度冷蔵庫で冷やしておく。

4. ババロア・テを作る。小鍋に水とアールグレイの茶葉を入れ、中火にかけて沸騰させる。

5. 牛乳を加え、ひと煮立ちしたら火を止める。

6. ボウルなどでふたをして蒸らす。30分以上おき、茶葉の風味をしっかり抽出する。

7. 6を漉して70g量り、小鍋に入れる。茶葉が水分を吸って70gに足りないときは、牛乳を足す。

8. 30ページの7〜8を参照し、同様にアングレーズソースを作る。ここでは牛乳のかわりに7のミルクティーを使う。うっすらととろみがついたら火を止め、ふやかしたゼラチンを加えて溶かす。

9. ボウルに移し、氷水にあてて混ぜながら冷やす。ただし、型に流しづらくなるので、とろみはつけすぎないように。7分立ての生クリームを加え、まんべんなく混ぜる。

10 型に一気に流し、平らにならす。冷蔵庫で冷やして表面を固める。一度固めることで断面がまっすぐきれいに仕上がる。

11 ビスキュイ1枚の焼き面にポンシュをしみ込ませ、裏返して10の上にのせる。軽く押さえて密着させる。裏面にもポンシュをしみ込ませる。

12 ムース・ショコラ・オレを作る。チョコレート2種と牛乳をレンジにかけ、よく混ぜ合わせてチョコレートを完全に溶かす。ふやかしてレンジで溶かしたゼラチンを加えて混ぜる。

13 ボウルごと氷水にあてて混ぜながら冷やし、とろみがついたら7分立てに泡立てた生クリームを合わせる。

14 11の型に平らに流し、カットした洋梨を散らして軽く押し込む。ゴムべらで平らにならす。型のふちについたムースはペーパーできれいにふき取っておく。

15 ポンシュを焼き面にしみ込ませたビスキュイを裏返して重ね、軽く押さえて密着させる。冷蔵庫で冷やし固める。この段階で冷凍保存も可能（92ページ参照）。

16 逆さにして上面の透明セロファンを模様方向に一気にはがす。十分冷え固まっていないと、チョコレートの模様がうまく転写されないので、しっかり冷やし固めておくこと。

17 ナパージュを全体にまんべんなく塗る。インスタントコーヒーを少量の水で溶き、ところどころにのせ、パレットでこすって色づける。92ページを参照して型から抜き、5等分にカットする。

18 スライスした飾り用の洋梨をバットなど焦げてもよいものの上にのせ、バーナーで焦げ目をつける。さめたら、パレットでムースの上面にのせる。金粉を筆の先に軽くつけ、筆を指で軽く叩いて金粉をふりかける。

基本パーツの作り方 Part 2

ここでは基本的な配合を紹介しています。それぞれのお菓子によって、配合と分量が変わることがありますので、各レシピに従って用意し、成形、焼成してください。

パータ・フィユタージュ

バターたっぷりの折り込みパイです。ここで紹介するのは、粉の生地の中にバターを多く練り込み、折り込み用のバターには小麦粉を少し混ぜ込んだタイプで、ほろほろともろく、繊細な食感を楽しめるのが特徴です。

材料（出来上がりは約450g）

生地
- 強力粉 ……………… 70g
- 薄力粉 ……………… 70g
- 塩 …………………… 3g
- 食塩不使用バター（溶かしておく） ……………… 45g
- 冷水 ………………… 60g

折り込み用バター
- 食用不使用バター …… 150g
- 強力粉 ……………… 30g
- 薄力粉 ……………… 30g

作り方

1 強力粉、薄力粉をボウルに入れる。塩、レンジで溶かしたバター、冷水を混ぜ合わせてボウルに注ぐ。カードを使って切るように合わせる。こねると弾力が出て、あとで伸ばしづらくなるので注意。そぼろ状になり、まだ少し粉っぽさが残る程度で混ぜ終える。ビニール袋に入れ、袋の上から押さえてひとまとめにする。冷蔵庫で2時間以上休ませる。

2 折り込み用バターを準備する。バターを室温におき、なんとか練れる程度の固さにし、強力粉と薄力粉を練り込む。ラップに挟んで麺棒で約15cm四方に伸ばし、冷蔵庫で冷やす。

3 1の生地を打ち粉（分量外）をしながら約25cm四方に伸ばし、折り込み用バターを対角にのせる。四隅から生地を折り畳んでバターを包む。合わせ目を指でつまんでしっかり閉じる。

4 打ち粉（分量外）をしながら長さ60cm程度に伸ばす。上下からそれぞれ¼ずつ折り、それをさらに半分に折って4つ折りにする。麺棒で軽く押さえて密着させる。

5 向きを90度かえ、同様に縦に伸ばして4つ折りする。暖かい部屋で作業したり、作業がゆっくりだとバターが溶け出してくるので、できるだけ素早く作業する。途中で溶けはじめたら、いったん冷蔵庫で冷やして生地を締めてから作業を再開する。

6 ビニール袋に入れて2時間以上冷蔵庫で休ませる。4〜5の作業をもう1度くり返し、再度冷蔵庫で2時間以上休ませる。菓子を作るさいは、ここから必要なぶんだけ生地を取り分け、指定の大きさに伸ばし、冷蔵庫で1時間以上休ませてから成形、焼成する。しっかり冷やしておくことで焼き縮みを減らせる。

クレーム・パティシエール

シンプルな配合のクレーム・パティシエールです。弱火でゆっくり炊くと粘りが出るので、強火で一気に炊き上げるのがポイントです。

材料
- 牛乳 ………………… 125g
- 砂糖 ………………… 30g
- 卵黄 ………………… 1個分
- 薄力粉 ……………… 8g

作り方

1 小鍋に牛乳と砂糖半量を入れて沸騰させる。残りの砂糖と卵黄をボウルでよくすり混ぜ、ふるった薄力粉を加えて粉っぽさがなくなるまで混ぜる。

2 牛乳をボウルに半量注いで混ぜ合わせる。鍋に戻し、全体をよく混ぜる。

3 強火にかけ、耐熱性のゴムべらで混ぜながら炊く。鍋のふちから沸騰しはじめ、徐々にとろみがついてくるので、焦げないようにゆっくりとかき混ぜながら炊き続ける。

4 しばらくすると、こしがなくなってサラッとしてくる。中心からもぶくっと沸騰してきたら炊き終わり。

5 火から下ろしてすぐにボウルに移す。表面にラップを張りつけ、保冷剤をのせる。ボウルごと氷水にあて、よく冷やす。

Lesson 3

水分コントロールで食感アップのコツ

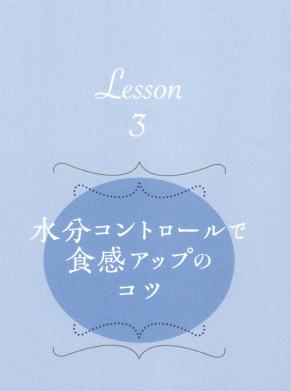

クリームをサンドしたパイや、フルーツをのせたタルトは、サクサクとした食感が楽しいお菓子。けれど、クリームやフルーツの水分で生地が湿気てしまっては、せっかくの食感が台無しです。そこで、水分がほかのパーツに移るのを防ぐテクニックをご紹介します。小さなひと手間が、歯切れよい食感につながります。

下ごしらえのコツ

✳︎✳︎✳︎ フルーツの水分をよく拭き取る ✳︎✳︎✳︎

　ムースやババロアにフルーツを詰めるとき、シロップから出してそのまま使ったり、果肉を切ってすぐに使うと、あとから水分がしみ出てきて、全体が水っぽくなることがあります。使う前には、必ずキッチンペーパーで挟んでしばらくおき、余分な水分を十分取ってから入れましょう。

✳︎✳︎✳︎ ビスキュイを間に挟む ✳︎✳︎✳︎

　パータ・シュクレ（タルト生地）にムースなどを直接のせると、徐々に水分を吸い、サクサクの食感が失われてしまいます。そこで、パータ・シュクレとムースの間に薄いビスキュイを挟み、ビスキュイに水分を吸わせ、パータ・シュクレの食感を保ちます。2枚の生地をただのせただけでは、切り分けたときに崩れてしまうので、2枚の間に水分の少ないクリームやジャムを薄く塗って接着しておきます。

✳︎✳︎✳︎ チョコレートでコーティング ✳︎✳︎✳︎

　パータ・シュクレにガナッシュを重ねるときは、溶かしたチョコレートが活躍。パータ・シュクレの上に薄く塗ってコーティングすれば、チョコレートに含まれる油分がガナッシュの水分をブロックしてくれます。どの種類を使うかは、組み合わせる素材との相性を考えて選びましょう。

フィヤンティーヌ（77ページ参照）のように、サクサクした食感の素材を使うときも、油分を含むチョコレートやプラリネペーストなどでコーティングしておけば食感を保てます。

Lesson 3

* * * パイの表面をグラッセする * * *

　パイ生地にそのままクリームを挟むと、水分を吸って食感が悪くなります。そこで、パイが焼けたら粉糖をふり、高温でさっと焼き直して、表面に砂糖の膜を張っておきます。砂糖の膜が水分を弾き、パイ特有の食感を守ってくれるのです。この方法は「グラッセ」と呼ばれます（「糖衣をかける」という意味のフランス語）。

　ミルフィーユのように、クリームとパイを重ねるときは、両面にグラッセをしておくと効果的です。粉糖は焦げやすいので、焼き直すときは目を離さないように注意しましょう。

* * * 溶き卵を塗る * * *

　パイケースやタルトなど、ケース状の生地にクリームやフルーツを詰めるときは、生地の内側に溶いた卵を塗って焼くと、卵の膜で湿気づらくなります。卵を塗らずにある程度焼いてから、焼き上がる直前に卵を塗り、仕上げに焼き直して膜を作ります。焼き足りないと生焼けのような味になってしまうので、光沢ある焼き色がつくまでよく焼いてください。

　チョコレートを塗っても同じ効果がありますが、卵のほうが味に影響しづらいので、チョコレート味以外のお菓子にはこちらのほうが向きます。

Saji-La
サィーラ

Saii-La

サイーラ

爽やかな色と酸味の青りんごムースと、ほんのり苦味のあるグレープフルーツムースを合わせました。グレープフルーツムースにはメレンゲを加え、ふんわりと軽い口当たりに仕上げています。間にグレープフルーツの果肉を挟むことで、よりジューシーでフレッシュな味わいが楽しめます。

食感アップのコツ

フルーツの水気をよく取ってから挟む

柑橘類はカットすると水分が出やすく、切ってすぐ入れるとムースを水っぽくしてしまいます。カットしたらキッチンペーパーに挟んでしばらくおき、表面の水分をしっかり取ってから使います。

材料　長径19cmの涙形セルクル1台分
（直径15cmの丸形セルクルでも同じ分量で作れます）

グレープフルーツ果肉　　　　　　　　正味60g

ビスキュイ・キュイエール
- 卵白　　　　　　　　　　　　　　1個分
- 砂糖　　　　　　　　　　　　　　30g
- 卵黄　　　　　　　　　　　　　　1個
- 薄力粉　　　　　　　　　　　　　30g
- ピスタチオ（刻んでおく）　　　　適量
- 溶けない粉糖　　　　　　　　　　適量

ポンシュ（材料を混ぜ合わせておく）
- 水　　　　　　　　　　　　　　　15g
- カルバドス　　　　　　　　　　　10g

ムース・パンプルムース
- グレープフルーツ果汁　　　　　　40g
- グレープフルーツのすりおろし皮　⅙個分
- 砂糖　　　　　　　　　　　　　　8g
- 粉ゼラチン　　　　　　　　　　　3g
- （水15gを加えてふやかしておく）
- 卵白（メレンゲ用）　　　　　　　15g
- 砂糖（メレンゲ用）　　　　　　　10g
- 生クリーム（8分立て）　　　　　 40g

ムース・ポンム
- 冷凍青りんごピュレ（解凍しておく）　　　　　　　　　　　　　　　　　　　　70g
- 砂糖　　　　　　　　　　　　　　25g
- レモン果汁　　　　　　　　　　　5g
- カルバドス　　　　　　　　　　　3g
- 粉ゼラチン　　　　　　　　　　　3g
- （水15gを加えてふやかしておく）
- 生クリーム（8分立て）　　　　　 50g

デコレーション
- ナパージュ（非加熱タイプ、93ページ参照）　　　　　　　　　　　　　　　　　　　　適量
- 冷凍青りんごピュレ（解凍しておく）　　　　　　　　　　　　　　　　　　　　適量
- 食用色素（緑）　　　　　　　　　微量
- 青りんご、ライム、ブルーベリー、ピスタチオ、セルフィーユ　　　　　　　　　　　 各適量

作り方

1. グレープフルーツは皮をそぎ取り、果肉だけ切り出す。よく切れる波刃のナイフだと粒をつぶさずに切りやすい。2cm幅にカットする。

2. キッチンペーパーに広げてのせ、ペーパーで挟んで軽く押さえ、しばらくおいて水切りする。

3. 36ページを参照し、ビスキュイ・キュイエールを作る。7mmの丸口金をつけた絞り袋で、側面用に9×25cmの帯状と、底用と中用に、型のサイズに合わせて涙形を絞る。中用は裏返して型に入れるので、反転させた形で、ひとまわり小さく絞る。側面用に刻んだピスタチオをふり、190度のオーブンで9〜10分程度焼く。

4. 側面用は両端をまっすぐに切り揃え、4cm幅に2本カットする。ビスキュイが押しつぶされないよう、波刃のナイフを使って、小刻みに動かしながらカットするとよい。側面用にだけ溶けない粉糖をふる。

5. 側面用を2本で1周するように型に敷く。長ければカットする。底用ビスキュイはカットして形を整え、型に敷き込む。ポンシュを刷毛で内側全体にしみ込ませる。

6. ムース・パンプルムースを作る。グレープフルーツ果汁、すりおろした皮、砂糖を混ぜ合わせ、ふやかしてレンジで溶かしたゼラチンを加える。ボウルごと氷水にあてて冷やし、とろみをつける。

7. 卵白と砂糖を泡立てて固いメレンゲを作る。8分立ての生クリームとメレンゲをざっと混ぜ合わせる。乳脂肪でメレンゲの泡が消えやすいので、完全に混ぜ合わせなくてよい。

8. 6に7を加え、まんべんなく混ぜ合わせ、ふんわりしたムースに仕上げる。

9. 型に平らに流し、2のグレープフルーツをのせて軽く押し込む。

10　中用ビスキュイの焼き面にポンシュをしみ込ませ、裏返してのせて軽く押し込む。裏側にもポンシュをしみ込ませ、冷蔵庫に入れておく。

14　ナパージュに2割ほどの青りんごピュレを加え、微量の水で溶いた食用色素を少しずつ加えて色を調整する。固まったムース・ポンムの上にむらなく塗り広げる。

11　ムース・ポンムを作る。青りんごピュレに砂糖、レモン果汁、カルバドス、ふやかしてレンジで溶かしたゼラチンを混ぜ合わせる。ボウルごと氷水にあて、混ぜながら冷やして、ドロッとするくらい強めにとろみをつける。

Point
とろみを強めにつけると、できあがったムースが型とビスキュイの隙間に流れ込みづらく、美しく仕上がる。

12　8分立ての生クリームを加え、まんべんなく混ぜ合わせ、固めのムースに仕上げる。

15　青りんごは芯を避けて切り分け、薄くスライスして扇のように広げる。スライスしたライム、ブルーベリー、刻んだピスタチオ、セルフィーユとともに飾る。

13　10の上に流し、パレットで平らにすり切り、冷やし固める。この段階で冷凍保存も可能（92ページ参照）。

Arrange
丸形でシンプルデザインに

12cmのセルクルを使い、周囲に巻いたビスキュイを省いてシンプルな見た目に。グレープフルーツの果肉は半量程度に、ムースはレシピと同量で作れます。

Letii
ルティ

Letii

ルティ

サクサクしたパータ・シュクレを土台に、なめらかないちごレアチーズをのせ、中に2種類のベリーをたっぷり入れました。シンプルな構成ですが、食感にコントラストがあるので単調な味わいにならず、いくらでも食べられます。表面はいちごクリームとフルーツで華やかにデコレーションしました。

食感アップのコツ ＊＊＊

ビスキュイを挟んで湿気どめ

パータ・シュクレの上に直接レアチーズをのせると、レアチーズの水分で湿気てしまいます。そこで、間にビスキュイを1枚挟みます。ビスキュイが水分を吸うのでパータ・シュクレの食感が保てるうえ、ビスキュイの厚みでケーキにボリュームも出せます。パータ・シュクレとビスキュイは、少量のレアチーズで接着しておきます。

材料　長径17cmの楕円セルクル1台分
（直径15cmの丸形セルクルでも同じ分量で作れます）

パータ・シュクレ（ここから半量だけを使用）
- 薄力粉 — 70g
- 粉糖 — 25g
- 食塩不使用バター — 35g
- 卵黄 — 1個
- バニラエッセンス — 少々

ビスキュイ・キュイエール（ここから半量だけを使用）
- 卵白 — 1個分
- 砂糖 — 30g
- 卵黄 — 1個
- 薄力粉 — 30g

ストロベリーレアチーズ
- クリームチーズ — 100g
- 砂糖 — 40g
- プレーンヨーグルト — 50g
- 冷凍ストロベリーピュレ（解凍しておく） — 90g
- 粉ゼラチン — 6g
  （水30gを加えてふやかしておく）
- 生クリーム（6分立て） — 100g
- いちご(角切り)、冷凍フランボワーズ(ホール、解凍しない)
  — 合わせて60g

ストロベリークリーム
- フリーズドライストロベリーパウダー — 4g
- 砂糖 — 10g
- 水 — 9g
- 生クリーム（6分立て） — 100g

デコレーション
- りんご、いちご、フランボワーズ、
  冷凍グロゼイユ — 各適量
- チョコ飾り、プラチョコ飾り（94、95ページ参照）
  — 適量

＊フリーズドライストロベリーパウダーは、フレッシュないちごをフリーズドライにし、パウダー状にしたもの。製菓材料店で購入できる。湿気やすいので、きちんと密封して保存しておく。

＊残ったパータ・シュクレは冷凍保存できる。ビスキュイ・キュイエールも冷凍できるが、壊れやすいのでおすすめしない。

Letí ルティ

作り方

1 54ページの**1〜3**を参照してパータ・シュクレを作り、半量だけを使用する。打ち粉（分量外）をしながら麺棒で型より少し大きい楕円形に伸ばし、冷蔵庫で20分ほど冷やしてから型で抜く。

2 フォークで全体に穴をあけ、180度のオーブンで全体に焼き色がつくように10分程度焼く。

3 36ページを参照してビスキュイ・キュイエールを作り、7mmの丸口金をつけた絞り袋で型と同じ大きさの楕円形に絞る。2枚分作れるが、ここでは1枚だけ使用する。180度のオーブンで9〜10分ほど焼き、さめたら型よりひとまわり小さくカットする。

4 ストロベリーレアチーズを作る。クリームチーズを常温において柔らかくし、なめらかになるまで練る。砂糖、ヨーグルトを加えて混ぜ合わせ、ピュレを少しずつ加える。

5 ふやかしてレンジで溶かした粉ゼラチンを加えて混ぜる。6分立ての生クリームを加えて全体をよく混ぜ合わせる。

6 パータ・シュクレに**5**を少量だけ塗り、ビスキュイを焼き色を下にして真ん中に重ね、軽く押さえて張り合わせる。

Point
レアチーズがのりがわりになり、2枚がはがれるのを防ぐ。塗りすぎると湿気るので、ごく少量に。

7 ラップの上に型をのせ、輪ゴムでとめて底を作り、**6**を敷く。

8 レアチーズを半量流し、スプーンの背で型の側面に上までなすりつけて、ふちですり切る。角切りしたいちご、冷凍フランボワーズをのせる。

9 残りのレアチーズを流し、ゴムべらで平らにならす。冷蔵庫で冷やし固める。この段階で冷凍保存も可能（92ページ参照）。

10　ストロベリークリームを作る。フリーズドライストロベリーパウダーと砂糖を混ぜ、水を加えてペースト状に溶く。

Point
生クリームに直接混ぜるとダマになるので、砂糖とともにペースト状に溶いてから加える。

14　真ん中は幅3cmほどあけ、左右対称に絞る。

11　生クリームを泡立て、とろりとしてくる程度の6分立てにし、10に加えてゴムべらで混ぜる。

15

真ん中にスライスしたりんご（切り方は71ページ参照）、いちご、フランボワーズ、グロゼイユ、羽のチョコ飾り、プラチョコ飾りのデイジーを飾る。

12　ペーストと混ぜると急にクリームが締まって固くなるので、必ずゆるめの生クリームと合わせる。ピンク色のクリームになる。

13　92ページを参照して型から抜き、サントノーレ口金（切り口が2.5cmのものを使用）をつけた絞り袋にストロベリークリームを入れ、レアチーズの両サイドにウェーブさせて絞る。絞り袋は寝かせず、まっすぐ垂直に持つと立体的にきれいに絞れる。

Arrange
* * *

スマートなプティガトーに

15×10cmの長方形セルクルで同様に仕込み、細長くカット。ストロベリークリームを星口金で絞り、かわいくアレンジしました。ストロベリーレアチーズとストロベリークリームは、レシピの⅔の分量で作れます。

Alfons
アルフォンス

Alfons

アルフォンス

濃厚なビターチョコレートのムースに、マイルドな甘味のミルクチョコレートクリームを重ねたプティガトーです。土台には、薄いクレープ生地をフレーク状にした「フィヤンティーヌ」を敷き、上面に薄い板状のチョコレートをのせました。この2つのパーツが食感のアクセントになります。クリームはボリュームが出るように立体的に絞ると美しく仕上がります。

食感アップのコツ ★★★

フィヤンティーヌをプラリネショコラでコーティング

フィヤンティーヌはムースなど水分を含むものにふれると湿気てしまうので、油分の多いチョコレートであえてコーティングし、湿気を防ぎます。チョコレートにプラリネペーストを加えることで、香ばしさも増します。

材料　15×10cmの長方形セルクル1台分

ビスキュイ・ジョコンドショコラ
- 卵白 ……………………………… 50g
- 砂糖 ……………………………… 30g
- 全卵 ……………………………… 35g
- 粉糖 ……………………………… 25g
- アーモンドパウダー …………… 25g
- 薄力粉 …………………………… 20g
- ココア …………………………… 6g

ポンシュ（材料を混ぜ合わせておく）
- ブランデー ……………………… 5g
- 水 ………………………………… 7g

フィヤンティーヌ・プラリネショコラ
- ミルクチョコレート …………… 10g
- アーモンドプラリネペースト … 20g
- フィヤンティーヌ ……………… 20g

ムース・ショコラ
- 牛乳 ……………………………… 50g
- 砂糖 ……………………………… 15g
- 卵黄 …………………………… 1個分
- 粉ゼラチン ……………………… 2g
  （水10gを加えてふやかしておく）
- カカオ分65%ビターチョコレート（刻んでおく）
  ……………………………………… 35g
- 生クリーム（7分立て）………… 45g

シャンティ・ショコラ・オレ
- カカオ分40%ミルクチョコレート（刻んでおく）
  ……………………………………… 80g
- 生クリーム（7分立て）………… 80g

デコレーション
- チョコ飾り（94ページ参照）、金ぱく
  ……………………………………… 各適量

＊フィヤンティーヌは、薄く焼き上げたクレープ生地をフレーク状にしたもの。製菓材料店で購入でき、パユテ・フォユティーヌ、ロイヤルティーヌなどの商品名で販売されている。

作り方

Alfons アルフォンス

1. 36ページを参照してビスキュイ・ジョコンダショコラを焼く。ここでは薄力粉と一緒にココアもふるい入れて作り、オーブンシートに26×22cm程度の長方形に伸ばす。190度のオーブンで8～9分焼く。

2. 乾燥しないようにオーブンシートをかぶせてさます。さめたらシートをはがし、セルクルに合わせて1枚カットする。バットにのせてポンシュを刷毛で全体にしみ込ませる。

3. ミルクチョコレートとアーモンドプラリネペーストを合わせて温めて溶かし、フィヤンティーヌを加えてまんべんなく混ぜ合わせる。

4. 2の上に均一に広げてのせる。上から軽く押しつけて平らにする。

Point
ぶ厚くのせると、食感が固すぎてムースとなじまない。薄くなるよう全体に均一に広げる。

5. セルクルをそっとはめて固定し、型ごと冷蔵庫で冷やす。

6. ムース・ショコラを作る。30ページの作り方7～8を参照し、アングレーズソースを炊く。ふやかしたゼラチンを加え、余熱で溶かす。

7. 刻んだビターチョコレートを入れたボウルに2回に分けて加え、そのつどよく混ぜてチョコレートを溶かす。ボウルごと氷水にあて、混ぜながらさます。あまり濃度がつくまで冷やしすぎないように注意。

8. 7分立ての生クリームを2回に分けて加えて混ぜ合わせる。

9. すぐに5の型に一気に流し込み、トントンと台に軽く打ちつけて平らにする。

Point
7で冷やしすぎたり、すぐ流さないとムースに濃度がつき、平らにならないので注意。

10 冷蔵庫で十分冷やし固める。この段階で冷凍保存も可能。92ページを参照して型から抜き、7等分にカットする。

15 2×10cmの板状にカットしたチョコ飾りをつやがあるほうを上にしてそっとのせる。

11 シャンティ・ショコラ・オレを作る。ミルクチョコレートを湯せんで溶かし、40度程度にする。7分立ての生クリームを半量加え、すぐに全体を泡立て器でよく混ぜる。

16

口金を星口金（12切り10号サイズ）にかえて、チョコレートの上に4か所絞る。金ぱくを飾る。

12 ガナッシュのような状態になり、むらなくきれいに混ざっていることを確認する。

Point
11でチョコレートの温度が低かったり、12で混ぜたりないとダマができ、ザラザラする。

13 残りの7分立ての生クリームを加え、ざっと泡立て器で混ぜる。混ざり切らないくらいでゴムべらにかえてまんべんなく混ぜる。混ぜすぎるとボソボソしてくるので気をつける。

Arrange
＊＊＊

丸形のプティガトーに

直径5〜5.5cmの丸形セルクルで高さ2.5cmくらいに組み立ててもかわいい。上面は星口金で絞ったシャンティ・ショコラ・オレと丸く抜いたチョコ飾りでデコレーションしています。同じレシピで6〜7個できます。

14 すぐに2cm幅の波口金をつけた絞り袋に入れ、波があるほうを手前にして持ち、ケーキの上面に波状に絞る。

Point
口金を押しつけて絞りをつぶさないように。口金をやや浮かせて絞ると立体感が出る。

Millefeuille Fascinant

ミルフイユ ファッシナン

Millefeuille Fascinant

ミルフイユ　ファッシナン

フィユタージュ（パイ生地）とクリームを重ねたミルフイユは、なんといってもパリパリとした食感が持ち味。クリームにバターを加えると水分が出づらくなるので、バター入りのクレーム・パティシエールと組み合わせ、フィユタージュが湿気るのを防いでいます。クリームにはピスタチオも加え、フランボワーズのコンフィチュールも中に詰めてリッチな味わいに仕上げました。

食感アップのコツ
✶✶✶

表面のグラッセで水分を弾く

フィユタージュは焼き上がる直前に取り出して表面に粉糖をふり、高温で短時間焼いて、薄く香ばしい糖衣をまとわせます。糖衣がクリームの水分からフィユタージュを守ってくれるので、パリパリとした食感を生かせます。また、糖衣自体もカリッと歯ざわりがよく、食感アップにつながります。

材料　直径約14cm 1台分（直径16cmのセルクルまたはタルトリングを使用）

パータ・フィユタージュ（ここから225gだけを使用）
- 強力粉 ……… 70g
- 薄力粉 ……… 70g
- 塩 ……… 3g
- 食塩不使用バター（溶かしておく）……… 45g
- 冷水 ……… 60g
- 食塩不使用バター（折り込み用）……… 150g
- 強力粉 ……… 30g
- 薄力粉 ……… 30g

粉糖 ……… 適量

コンフィチュール・フランボワーズ
- 冷凍フランボワーズ（ホール）……… 60g
- 水 ……… 20g
- 砂糖 ……… 17g
- ジャム用ペクチン（25ページ参照）……… 3g

クレーム・パティシエール
- 牛乳 ……… 175g
- バニラビーンズ ……… バニラのさや約3cm分
- 砂糖 ……… 45g
- 卵黄 ……… 2個
- 薄力粉 ……… 11g

クレーム・ムースリーヌ
- クレーム・パティシエール ……… 上記から225g
- 食塩不使用バター ……… 75g
- キルシュ ……… 7g
- ピスタチオペースト ……… 15g

デコレーション
- フランボワーズ ……… 1パック
- ピスタチオ、溶けない粉糖 ……… 各適量

＊バニラのさやは縦に裂き、ナイフの背で中のビーンズをこそげ取って使う。

＊ピスタチオペーストは、フレッシュなピスタチオを挽いてペーストにした鮮やかな緑色のタイプを使用。製菓材料店で購入可。なければ入れなくてもよい。

Millefeuille Fascinant
ミルフイユ ファッシナン

作り方

1　64ページを参照してフィユタージュを作る。そこから75gずつ3つ取り分け、オーブンシートの上で打ち粉（分量外）をしながら麺棒でそれぞれ直径18cm程度の円形に伸ばす。ビニールをかけて冷蔵庫で1時間以上休ませる。

Point
よく休ませないと焼き縮みが大きくなり、変形することもある。

2　フォークで両面に穴をまんべんなくあけ、直径16cmのタルトリングまたはセルクルで3枚抜く。

3　オーブンシートごと天板に移し、200度のオーブンで6〜7分焼く。ふくらんだら、網などをのせて軽く押しつぶし、ふくらみすぎないように注意しながらさらに10分ほど焼く。

4　粉糖を茶漉しで全体にふり、230度のオーブンで2〜3分ほど焼いて粉糖を溶かし固め、表面をグラッセする。

5　裏返して同様にグラッセする。グラッセによって生地が湿気づらくなり、焦がした砂糖の香ばしい風味も加わる。さましておく。

6　27ページの作り方13〜14を参照してコンフィチュールを作る。ここではナパージュは加えないでそのまま使う。絞り袋に入れ、先を6〜7mm幅にカットしておく。

7　64ページを参照してクレーム・パティシエールを作る。ここでは牛乳にバニラビーンズを加えて作り、常温になるまでさましておく。

8　クレーム・ムースリーヌを作る。常温においてクリーム状にしたバターをクレーム・パティシエールに加え、ハンドミキサーで白っぽくなるまで十分撹拌する。

9　十分に空気が入って白っぽくなったらキルシュを加え、混ざったらできあがり。ここから150gを取り、1cmの丸口金をつけた絞り袋に入れる。残りはピスタチオクリーム用に残しておく。

10

5のふちに1cm間隔で絞る。真ん中は渦巻き状に絞る。渦巻きは、口金を押しつけながら絞り、ふちよりもやや薄く絞る。

14

フィユタージュを重ねて安定させる。10〜12と同様にピスタチオクリーム、コンフィチュールを絞り、フランボワーズをのせる。ピスタチオクリームは飾り用に残しておく。

11

コンフィチュールの半量を真ん中のクレーム・ムースリーヌの上に絞る。

Point
甘さ控えめのコンフィチュールが、味と食感のアクセントになる。

15

フィユタージュに細くカットした紙をのせ、茶漉しで溶けない粉糖をまんべんなくふる。紙をそっと取る。

12

コンフィチュールの上にクレーム・ムースリーヌを渦巻き状に絞る。ふちの隙間にフランボワーズをのせ、冷蔵庫または冷凍庫に入れてクレームを固める。

Point
このあと上に重ねて組み立てるので、重さでクレームがつぶれないように冷やし固める。

16

粉糖の模様を壊さないように気をつけながら14の上に重ねる。

13

残りのクレーム・ムースリーヌにピスタチオペーストを加え、なめらかになるまでハンドミキサーで撹拌する。

17

ピスタチオクリームをふちに絞り、間にフランボワーズをのせる。スライスしたピスタチオをトッピングする。冷蔵庫で1時間以上冷やして落ち着かせてからカットする(92ページ参照)。

Khloe
クロエ

Khloe

クロエ

抹茶をたっぷり使ったタルトレットです。中に詰めた抹茶ガナッシュ、上に飾った2種類のクリーム、すべてにホワイトチョコレートを使ってミルキーでなめらかに仕上げています。ただし、それだけでは食感が単調になりがちなので、湿気どめのテクニックでタルトのサクサク感を生かし、薄い板状のチョコ飾りを挟んで食感に変化を出しています。

食感アップのコツ
***

タルトにチョコレートを薄く塗る

タルトケースがガナッシュの水分で湿気ないよう、溶かしたチョコレートをタルトケースの内側に薄く塗り、チョコレートの油分で水分をブロックします。ガナッシュとクリームの味に合わせ、チョコレートはホワイトを使いましょう。

材料　直径7cm、高さ1.6cmのタルトレット型4個分

パータ・シュクレ（ここから半量だけを使用）
- 薄力粉 — 70g
- 粉糖 — 25g
- 食塩不使用バター — 35g
- 卵黄 — 1個
- バニラエッセンス — 2〜3滴

ホワイトチョコレート — 適量

ガナッシュ・テヴェール
- 生クリーム — 40g
- ホワイトチョコレート（刻んでおく） — 130g
- 抹茶 — 3g
- ブランデー — 9g

シャンティ・ショコラ・ブラン
- 生クリーム — 25g
- ホワイトチョコレート（刻んでおく） — 40g
- 生クリーム（7分立て） — 50g

シャンティ・ショコラ・テヴェール
- 生クリーム — 25g
- ホワイトチョコレート（刻んでおく） — 40g
- 抹茶 — 2g
- （6gの水で溶く）
- 生クリーム（7分立て） — 50g

デコレーション
- チョコ飾り（94ページ参照） — 適量
- 抹茶、金ぱく — 各適量

＊残ったパータ・シュクレは冷凍保存できる。

作り方

1. 54ページの作り方1〜3を参照し、パータ・シュクレを作り、半量だけ使用する。4等分し、打ち粉（分量外）をしながら麺棒で型よりひとまわり大きな円形に伸ばす。

2. 型にぴったりと敷き込み、ナイフでふちをすりきる。

3. フォークで底に穴をあけ、ひとまわり大きいアルミカップを型の内側に合わせて敷き、小豆またはパイ石の重石をのせる。

4. 180度のオーブンで10〜12分程度焼き、ふちに焼き色がついたら重石をとってさらに3〜4分焼く。さめたら型からそっとはずす。写真左が重石をはずしたところ、右が焼き上がり。

Point
熱いうちはもろくて壊れやすいので、必ずさめてから型からはずす。

5. ホワイトチョコレートを湯せんで溶かし、4の内側に刷毛で薄く均一に塗る。タルトレットケースを割らないように注意。冷蔵庫で冷やし、チョコレートを固める。

6. ガナッシュ・テヴェールを作る。生クリームとホワイトチョコレートを合わせてレンジにかけ、プクッと沸騰しはじめたらレンジから出し、よく混ぜてつややかなガナッシュにする。

7. ブランデーで溶いた抹茶を加えてまんべんなく混ぜる。抹茶は粉末のまま加えるとダマになるので、必ず液体で溶いてから加える。

8. 少し冷やしてとろみをつけてからタルトレットに平らに流し、冷蔵庫で冷やし固める。

9 シャンティ・ショコラ・ブランを作る。6と同様にガナッシュを作り、さます。しっかりさめていないとこのあと加える生クリームが溶けるので注意。

13 熱い湯で温めたスプーンの水気を軽く取り、シャンティ・ショコラ・テヴェールの上面を削り取ってシャンティを丸める。スプーンを伏せ気味にして削るとうまく丸くなる。

10 7分立てにした生クリームを加え、ざっと混ぜ合わせる。混ぜすぎると分離するので、全体が混ざったぐらいで混ぜ終える。

14 丸まったシャンティをそっとすくい、ボウルのふちですり切って形を整える。

11 サントノーレ口金（切り口が1.5cmのものを使用）をつけた絞り袋に入れ、8の上に少しカーブさせながら放射状に絞る。ふちのぎりぎりから絞ると美しい。直径6cmの円形に抜いたチョコ飾りをのせる。

15 すぐに11の真ん中にのせ、シャンティの丸みに沿ってスプーンをスライドさせて、スプーンをはずす。抹茶を少量ふり、らせんのチョコ飾り、金ぱくで飾る。

12 シャンティ・ショコラ・テヴェールをシャンティ・ショコラ・ブランと同様に作る。ここではさめたガナッシュに水で溶いた抹茶を加えて作る。形を保てるように、よく泡立てて固めに調整しておく。

Poisson d'avril

ポワソン・ダブリール

Poisson d'avril

ポワソン・ダブリール

フランス語で「4月の魚」という意味のポワソン・ダブリールは、エイプリルフールに食べる魚形のお菓子。本場フランスでは、チョコレートやボンボンで作られた魚もパティスリーに並びます。ここでは、フィユタージュを魚形のケースにして、クリームといちごをたっぷり盛りつけました。小さく作ってプティガトーにしてもキュートです。

食感アップのコツ ✻✻✻

卵黄をフィユタージュに塗る

フィユタージュのパリパリとした食感を保てるよう、パイケースの底に塗り卵をして焼きます。表面に卵の膜ができ、クリームの水分をブロックできます。さらにスポンジを小さくちぎって入れておくと、スポンジがクリームを吸ってくれるので、湿気対策は万全。見た目にもボリュームが出ます。

材料　大きな魚1台分

パータ・フィユタージュ
（ここから300gだけ使用。小さい魚の場合は150g使用）

強力粉	70g
薄力粉	70g
塩	3g
食塩不使用バター（溶かしておく）	45g
冷水	60g
食塩不使用バター（折り込み用）	150g
強力粉	30g
薄力粉	30g
溶いた卵黄	適量

クレーム・パティシエール

牛乳	90g
砂糖	20g
卵黄	1個
薄力粉	6g
バニラエッセンス	少量
食塩不使用バター	30g
スポンジまたはビスキュイなど	適量
いちご	中粒のもの1パック
フランボワーズ、溶けない粉糖	各適量
チョコ飾り（95ページ参照）	1個

＊スポンジまたはビスキュイは細かくちぎって使う。別のケーキを作ったときの切れ端など、余ったものでよい。

Poisson d'avril
ポワソン・ダブリール

下準備

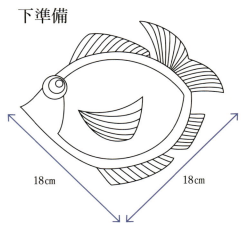

紙に上記のサイズで魚を描き、切り抜いて型を作る。

作り方

1 64ページを参照してフィユタージュを作り、150gを2つ取り分ける。クッキングシートまたはクッキングペーパーの上で打ち粉（分量外）をしながら麺棒でそれぞれ20cm角の正方形に伸ばす。シートごとビニールに入れ、冷蔵庫で1時間以上休ませる。

Point
よく休ませないと焼き縮みが大きくなり、変形することもある。

2 15分ほど冷凍庫に入れてさらに生地を締め、2枚とも型紙をあてて同じ形にナイフで切り取る。1枚はフルーツとクリームを入れられるように中心をくり抜いておく。くり抜いた生地で胸びれの形を切り取る。

Point
冷やして固めに締め、切れ味のよいナイフで切ると層がつぶれず、きれいに焼き上がる。

3 くり抜いていないほうのふちに溶いた卵黄を刷毛で塗る。このとき、外側の断面に卵液がつかないように注意。もう1枚を重ね合わせ、軽く押さえて接着する。くり抜いた真ん中部分にフォークで全体に穴をあけておく。

4 上のフィユタージュに溶いた卵黄を塗る。断面に卵液がつかないように注意して塗り広げる。断面に卵がつくと、焼いても生地がふくらまない。胸びれ用の生地にも塗る。

5 ナイフの先を斜めに生地にあて、ひれ模様を入れる。

Point
軽く筋を入れるのではなく、表面に浅く切れ目を入れるように模様をつける。

6 200度のオーブンに入れ、6～7分焼く。真ん中もふくらんでくるので、フォークの背で押しつぶす。さらに15分ほど焼き、ふちに香ばしい焼き色をつける。胸びれも一緒に香ばしくなるまで焼く。胸びれは香ばしい焼き色がついたら、取り出してさましておく。

7　オーブンから出し、真ん中の底に溶き卵黄を薄く塗る。さらに3〜4分焼く。

12　いちごはヘタを取り、いくつかは数か所切り込みを入れて扇状に広げ、ケースのふちに並べてのせる。真ん中は半割りにしたいちごで埋める。

8　底にも卵液の膜ができ、全体が香ばしく焼けたら焼きあがり。完全にさます。

13　胸びれ、ヘタつきのいちご、溶けない粉糖をふったフランボワーズをのせて飾る。

9　スポンジまたはビスキュイをほぐして、底一面にちりばめる。

Point
スポンジがクリームやフルーツの水分を吸って、フィユタージュの湿気を防げる。

14　残しておいたクレームをチョコ飾りの目の裏側に少量つけ、張りつける。

10　64ページを参照し、クレーム・パティシエールを炊いてさまし、バニラエッセンスを加える。常温においてかわらかくしたバターを加え、ハンドミキサーで白っぽくなるまで撹拌する。

Arrange
*　*　*

小さな魚のプティガトー

10cm四方の紙に収まるように型紙を作り、小さな魚にアレンジ。生地は20cm角の正方形に伸ばして型紙にそって2枚切り取り、同様に作ります。

11　9の上にのせる。平らにならすのではなく、中心がやや盛り上がるように山形に整える。目を接着するためにクレームは少し残しておく。

ケーキを美しく仕上げるコツ

各パーツをていねいに作って、きちんと組み立てても、最後の型抜きや切り分けで失敗してしまったら台無しです。おいしそうなケーキを最後まで美しく完成させるための仕上げのコツをご紹介します。

※ 型抜き ※

セルクルで仕込んだムースやババロアは、冷え固まるとセルクルの内側にくっつきます。無理にはずそうとすると表面がでこぼこになったり、角が欠けてしまいます。型を温めて少しだけ溶かし、スムーズに抜きましょう。

蒸しタオルで温める

1 ぬらしてよく絞ったタオルを帯状に折りたたみ、レンジで温めます。熱くなるので、取り出すときは火傷に注意。セルクルの外側に巻きつけて温めます。

2 タオルをはずし、そっとセルクルを垂直に引き上げてみます。スムーズにはずれればOK。はがれない部分があれば、もう一度タオルを温め、はずれない部分を中心に型を温め直します。無理にはずすと一部が欠けてしまうこともあるので、必ずスムーズにはずれるまで温めましょう。

バーナーで温める

火力の強いバーナーは型抜きに便利な道具ですが、やけどや温め過ぎに気をつけましょう。バーナーの火力を弱めにしてセルクルのサイドに近づけ、軽く１周温めてからセルクルを引き上げます。

ムースやババロアの上面に炎を当てたり、セルクルを温めすぎると溶け出してかえって型崩れするので注意してください。「軽めに温めて抜いてみる、抜けなければもう少し温める」がポイントです。

※ 切り分け ※

カットするのは波刃のナイフがおすすめ。スポンジやフルーツなどがサンドされていると、包丁ではうまく切れずに押しつぶされてしまいます。波刃のナイフを力を入れずに前後に動かして「のこぎりのように」小刻みに動かします。

1 バーナーやガス台の火でナイフをあぶります。温めすぎるとカットしたときにムースが溶けすぎてしまうので、軽く温めましょう。

2 断面を押しつぶさないように、力を入れずに軽く前後に引きながら垂直に下まで切ります。底まできっちり切れていることを確認しましょう。１度切ったら、そのつど布巾でぬぐい取ってから次をカットします。そのまま次を切ると、刃に残ったくずが断面についてしまいます。

冷凍保存について

組み立て終わったケーキは、デコレーションする前の状態で冷凍保存が可能です。組み立てた段階で一度冷凍し、しっかり固まったらラップでぴったり包んで密封できる袋などに入れて２重に密閉しましょう。密閉しないと乾燥したり、冷凍臭がついてしまいます。この状態で２週間程度保存できます。

仕上げるときは、冷蔵庫で一晩かけてゆっくり解凍してからデコレーションします。クレーム・パティシエールやプリン状のもの、泡立てた生クリームは冷凍できません。冷凍できるかどうかは、各レシピを参照してください。

華やかに仕上げるデコレーション素材

製菓材料店にはデコレーション素材がたくさん販売されていて、どれを選べばよいか迷ってしまうことも多いはず。ここでは、それぞれの用途と選び方をご紹介します。

ナパージュ

無色透明で、ケーキやフルーツの表面に塗ってつやを出し、乾燥を防ぎます。加熱タイプと非加熱タイプが市販されているので、用途に合わせて使い分けます。どちらも冷蔵庫で保存でき、冷凍も可能です。

この本では非加熱タイプを使っています。「ロイヤルミロワールヌートル」などの商品名で販売されています。柔らかなジュレ状で、ムースやババロアの表面にそのまま刷毛で塗ることができます。また、ピュレやジャムなどを混ぜて、色づけて使うことも可能です。ただし、フルーツに塗っても時間が経つと流れてしまうので、フルーツには不向きです。

加熱・加水して使うタイプも市販されています。こちらは固いゼリー状で、水を加えて加熱し、溶かしてから使います。塗ったあとは、再びゼリー状に固まるので、フルーツに塗るにはこちらが適しています。ムースやババロアは、ナパージュの熱で溶けてしまうので使えません。

非加熱タイプ　　加熱タイプ

キラキラトッピング素材

グラサージュ・ショコラでコーティングしたケーキなど、シックな色合いのものには、キラキラしたデコレーションがよく映えます。色々な形状があり、どれを使うかでケーキの表情が変わります。お好みのものを選んでみてください。

金ぱくスプレー
金粉を吹きかけられるスプレー。銀ぱくスプレーもあります。軽くシュッと吹きかけてデコレーションします。思いきり吹きかけると、全体が金色になってしまうので注意しましょう。

金ぱく
料理にも使われるごく薄い金シート。竹串やピンセットでそっとつまみ、お菓子に張りつけます。大きさを自由に調節できるのが便利です。

パールパウダー
細かいパウダー状で、筆先に軽くつけ、筆を軽くたたいてケーキの上に落としたり、ボンボンショコラに細筆で直接ひと塗りして飾ります。パウダーはつけすぎず、ほんのりつけるのが品よく仕上げるポイントです。各メーカーから販売されていて、色合いが少しずつ違っています。

この本で使用した材料、器具が買える製菓材料、器具店

TOMIZ（富澤商店）
神奈川県、東京都を中心に多数店舗があります。菓子材料・器具のほかにも乾物やエスニック素材まであらゆる食材を扱っています。自社で小分けにして販売するので、量も価格も手ごろです。オンラインショップもあり、定期的に私のレシピなども掲載していただいています。
https://www.tomiz.com

Nuts2Deco
デコレーション素材や器具を多くそろえるネットショップ。少量売りのキラキラパウダーも購入できます。
http://www.nut2deco.com

フレーバーランド
東京都の合羽橋道具街にあり、フレーバー、リキュール、デコレーション素材を豊富に取り揃えています。金ぱく類、パールパウダーなど専門的なものも充実しています。
http://www.flavor-land.com

川崎商店
合羽橋道具街の製菓器具店。基本的な製菓器具を取り扱うほか、型類が充実しています。
http://www.kwsk.co.jp

馬嶋屋菓子道具店
合羽橋道具街の製菓器具店。型が充実しており、ネットショップもあります。
https://www.rakuten.ne.jp/gold/majimaya/

おかしの森（楽天市場店）
合羽橋道具街の製菓材料店。基本から専門的な製菓器具まで豊富に取り扱っています。楽天市場店もあります。
https://www.rakuten.ne.jp/gold/okashinomori/

ケーキをさらに洗練させる

チョコ飾りにチャレンジ

ケーキに繊細なチョコ飾りを添えると、立体感が出て、さらにプロっぽく仕上がります。難しそうに感じるかもしれませんが、きちんとステップを踏めば誰でも上手に作れます。

基本のテンパリングをマスター

つややかなチョコ飾りを作るためには、テンパリングという温度調節が必要です。テンパリングをしないとつやが出ず、すぐに溶けてしまったり、フィルムからはがれづらくなります。必ず温度計で温度を計りながら行ってください。

1 チョコレートを粗く刻み、ステンレスボウルに入れる。鍋に湯をわかし、ごく弱火にしてボウルを浮かべ、湯せんでなめらかに溶かす。ビターは45〜50度、ミルク、ホワイトの場合は40〜42度までチョコレートの温度を上げる。

Point
鍋とボウルはほぼ同じ直径のものを使う。鍋が大きいとチョコレートに湯気が当たったり、湯が入ってしまうことも。逆にボウルが大きいと鍋から熱がじかに伝わり、チョコレートの温度が上がりすぎてしまう。

2 氷を3〜4個入れた冷水にボウルごとあて、ゴムべらで静かに混ぜる。まわりから徐々に冷えてもったりとし、小さなダマができはじめたら、冷水からボウルをはずす。

3 再度湯せんにかける。今度は温度を上げすぎないよう、少し湯せんにあてたらすぐはずし、全体を混ぜてチョコレートを少しずつ溶かす。湯せんにあててははずすを繰り返して少しずつ溶かし、ダマがなくなり、なめらかになったところで完成。温度はビターで31度、ミルク、ホワイトは29度。温度を上げすぎてしまった場合は、1からやり直す。

Point
ボウルのまわりやゴムべらのふちに固まったチョコレートを溶かしたり、ほんの少しだけ温めたいときには、ドライヤーの温風をあてると便利。ただし、思ったよりも温度が上がるので、あてすぎには注意を。

薄いシート
テンパリングしたチョコレートを透明セロファンの上に適量落とし、パレットで均一な厚みにならす。固まらないうちに台ごとトントンと軽く打ちつけ、塗りあとを消す。

室温において表面がべたつかない程度に乾いたら、裏返してバットなどの重しをのせて冷蔵庫で冷やし固める。重しをすることで反るのを防げる。

網目シート
テンパリングしたチョコレートを絞り袋に入れ、先を細くカットする。セロファンに網目状に絞り、薄いシートと同様に乾いたら裏返して重しをし、冷やし固める。

型抜き&カット
シート状にしたチョコレートを、表面がべたつかない程度に乾いたところで抜き型で抜く。完全に固まってから抜くと割れてしまうので注意。同様に裏返して重しをし、冷やし固める。

ナイフでカットする場合も、型抜きと同じタイミングで行う。

羽

テンパリングしたチョコレートをスプーンの背にたっぷりつけ、ふちをボウルですり切る。透明セロファンに軽く押しつけ、スプーンを手前に引く。押しつけすぎると薄くもろくなるので注意。冷やし固めてからセロファンをはがす。

らせん

1 ケーキフィルムにテンパリングしたチョコレートを適量落とし、凹凸コームで横線をまっすぐ描く。凹凸コームのかわりに、凹凸がついたゴム製の耐震用マットを使ってもOK。

2 表面がべたつかない程度に乾いたら、セロファンごとひねってらせん状にする。冷やし固めてからセロファンをはがす。乾かないうちにひねってもうまく成形できず、固まりすぎてからだと折れてしまう。

プラチョコ飾り

プラチョコ（プラスチックチョコレート）とは、細工用に加工された粘土状の柔らかいチョコレートです。室温に戻せば、麺棒で伸ばすこともでき、好みの形に成形できます。

デイジー

1 溶けない粉糖を打ち粉がわりに使い、プラチョコを薄く麺棒で伸ばす。

2 シュガークラフト用のバネつきのデイジー型で抜く。

3 市販のチョコペンなど着色されたチョコレートを湯せんで溶かし、先を細くカットした絞り袋に入れて花芯を絞る。

ポワソン・ダブリールの目

1 薄く伸ばしたプラチョコを4cmの丸型と7mmの丸口金で抜く。ビターチョコレートで作った薄いシートを2.5cmの丸型で抜く。

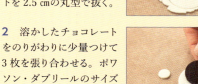

2 溶かしたチョコレートをのりがわりに少量つけて3枚を張り合わせる。ポワソン・ダブリールのサイズに合わせて、抜き型のサイズも調節する。

＊熊谷裕子先生の好評既刊＊

手作り本格派の中級教科書
各定価：本体1,500円＋税

思いどおりに仕上げる配合のバランス
焼き菓子の食感テクニック

組み合わせの相乗効果で、さらにおいしく！
フルーツ菓子のテクニック

プラスワンで味も見た目もハイグレード
クッキー作りの美感テクニック

ベーシックなお菓子から最新アレンジまで！
バタークリームのテクニック

初心者でもぜったい作れるレシピです
各定価：本体1,500円＋税

だれもが成功！
はじめてのマカロン

いきなりプロ級！
はじめてのケーキ

毎回、上手にふくらむ！
はじめてのシュークリーム

失敗なしの「改良レシピ」でしっとりふんわり！
はじめてのスポンジ菓子

おうちでプチ・パティシェ
各定価：本体1,500円＋税

これで上級！洋菓子のコツ教室

菓子作りのステキ度アップをめざす
[材料別]
デコレーション・テクニック

もう焼きっぱなしは卒業
[美味しく飾って]
大人の焼き菓子

手作りのお菓子がプロ級の仕上がり！
[コツとバリエ]
デコレーション・マジック

ケーキの美しさは、「土台」で決まります
デコレーションを洗練させる下地作りのコツ

撮影＊北川鉄雄

菓子製作アシスタント＊田口竜基

レイアウト＊中村かおり（Monari Design）

編集＊オフィスSNOW（畑中三応子、木村奈緒）

著　者　熊谷裕子（くまがい　ゆうこ）
発行者　早嶋　茂
制作者　永瀬正人
発行所　株式会社　旭屋出版
〒107-0052
東京都港区赤坂1-7-19　キャピタル赤坂ビル8F
編集部　電話　03-3560-9066
販売部　電話　03-3560-9065
　　　　FAX　03-3560-9071
郵便振替　00150-1-19572

旭屋出版のインターネットホームページ
http://www.asahiya-jp.com

印刷・製本　株式会社　シナノ パブリッシングプレス

※許可なく転載・複写ならびにweb上での使用を禁じます。
※定価はカバーにあります。
※落丁本、乱丁本はお取り替えいたします。

ISBN978-4-7511-1323-3
©Yuko Kumagai/Asahiya Shuppan 2018 PRINTED IN JAPAN

食感、味、香りのステキ度が増すパーツ別テクニック
ケーキがおいしくなる「下ごしらえ」教えます

発行日　2018年3月26日　初版発行